LE
BUDGET COMMUNAL
EN FRANCE & A L'ÉTRANGER

Etude de science financière et de législation comparée

THÈSE POUR LE DOCTORAT

PAR

C. BULTÉ

AVOCAT

PARIS

LIBRAIRIE NOUVELLE DE DROIT ET DE JURISPRUDENCE

ARTHUR ROUSSEAU, ÉDITEUR

14, RUE SOUFFLOT ET RUE TOULLIER, 13

1898

THÈSE

POUR LE DOCTORAT

FACULTÉ DE DROIT DE LILLE

Enseignement :

MM. VALLAS (O. I. ⚜), Doyen, Professeur de Droit civil.
DE FOLLEVILLE (O. I. ⚜), Professeur de Droit civil.
FÉDER (O. I. ⚜), Professeur de Droit civil.
GARÇON (O. I. ⚜), Professeur de Droit criminel.
LACOUR (O. I, ⚜), Professeur de Droit commercial.
BOURGUIN (O. I. ⚜), Professeur de Droit administratif.
MOUCHET (O. I. ⚜), Professeur de Droit romain.
JACQUEY (O. I. ⚜), Professeur d'Histoire du droit,
DESCHAMPS (O. A. ⚜), Professeur d'Economie politique,
chargé de cours à la Faculté de Paris.
WAHL (O. A. ⚜), Professeur de Procédure civile.
JACQUELIN, Professeur adjoint.
PELTIER, Agrégé, Chargé de cours.
COLLINET, Agrégé, Chargé de cours.
DUBOIS, Chargé de cours.

Administration :

MM. VALLAS (O. I. ⚜), Doyen.
LACOUR (O. I. ⚜), Assesseur.
SANSON (O. A. ⚜), Secrétaire.

Doyen honoraire :

M. DE FOLLEVILLE (O. I. ⚜).

Secrétaire honoraire :

M. PROVANSAL (O. I. ⚜).

LE
BUDGET COMMUNAL
EN FRANCE & A L'ÉTRANGER

Étude de science financière et de législation comparée

THÈSE POUR LE DOCTORAT

L'ACTE PUBLIC SUR LES MATIÈRES CI-APRÈS

Sera soutenu le 4 juillet 1898, à 10 heures du matin

PAR

C. BULTÉ

AVOCAT

Président : M. WAHL, *professeur.*

Suffragants : { MM. BOURGUIN, *professeur.*
DUBOIS, *chargé de cours.*

PARIS

LIBRAIRIE NOUVELLE DE DROIT ET DE JURISPRUDENCE

ARTHUR ROUSSEAU, ÉDITEUR

14, RUE SOUFFLOT ET RUE TOULLIER, 13

1898

A MON PÈRE   A MA MÈRE

A MES MAITRES

A MES AMIS

BIBLIOGRAPHIE

OUVRAGES

Acollas. — Finances communales, 1 vol. 1898.

Arminjon. — Le gouvernement local de l'Angleterre.

Aucoc. — Conférences sur l'administration et le droit administratif.

Babeau. — Le village sous l'ancien régime.

Babeau. — La ville sous l'ancien régime.

Bernimolin, — Institutions provinciales et communales de Belgique, 2 vol.

Blanchon et De Celles. — Dictionnaire des percepteurs, 2 vol. 1897.

Boutmy. — Réforme de l'administration locale en Angleterre.

Calonne (De). — La vie municipale au xvᵉ siècle dans le nord de la France.

Chabanel. — Traité théorique de comptabilité et de finances communales, 1 vol. 1892.

Desbats G. — Le budget municipal.

Dehaye. — Réforme de l'administration locale en Angleterre.

Dehaye. — Les paroisses anglaises, 1 vol. 1895.

Delfaux. — Code manuel des percepteurs et des receveurs et ordonnateurs, 1 vol. 1896.

Dubois (L.-Paul). — Essai sur les finances communales, 1 vol. 1898.

Dupin. — Histoire administrative des communes en France.

Durieu fils. — Poursuites en matière de contributions directes, 2 vol. 1876.

Gneist. — La constitution communale de l'Angleterre.

John Hunt. — London local government, 2 vol. 1897.

Leclercq. — La vie municipale en Prusse.

Marcé. — Vérification et apurement des comptes d'État et des localités en Angleterre.

Marcé. — Le contrôle de la Cour des Comptes en Italie.

Morgand. — La loi municipale, 2 vol. 1896.

Raynouard. — Histoire du droit municipal en France.

Rey. — Théorie du budget communal, 1 vol. 1897.

Say L. — Dictionnaire des finances, 2 vol. 1889.

Stourm R. — Le budget, son histoire et son mécanisme, 1 vol. 1889.

Stourm. — Les finances de l'ancien régime et de la Révolution, 2 vol. 1885.

Swarte (De). — Traité de la comptabilité occulte, 2 vol. 1884.

Vauthier. — Le gouvernement local de l'Angleterre, 1 vol. 1895.

Wilson. — The national budget.

Wyvekens. — Commentaire de la loi communale belge.

PÉRIODIQUES

Passim dans la collection de :

Annales de l'École libre des Sciences politiques.

Annuaire de Législation étrangère.

Bulletin de l'Académie des Sciences m rales et politiques.

Bulletin de la Société de Législation comparée.

Bulletin officiel du Ministère de l'Intérieur.

Economiste français.

Journal des Economistes.

Journal Officiel.

Mémorial des Percepteurs.

Revue communale.

Revue critique de législation.

Revue des Services financiers.

Revue générale d'administration,

Revue politique et parlementaire.

PRÉAMBULE

A une époque où les questions financières préoccupent
tant les esprits, où le peuple, usant des prérogatives que
lui confère le suffrage universel, veut se donner lui-
même sa législation et ne la tenir que de lui seul, où
l'émancipation communale se pose au premier plan des
réformes administratives, nous avons cru intéressant
d'aborder ce sujet des finances communales et d'en étudier
certains aspects. Nous avons essayé de mettre en lumière
ces matières quelque peu arides et que le législateur
même n'a pas toujours réglementées avec clarté et préci-
sion. Nous avons voulu, pour l'exposer, connaître véritablement, et non de cette science imparfaite plus funeste
que l'ignorance, l'organisation financière de la commune ;
ceux qui la veulent changer ont eu des devanciers ; comme
eux la Commission de 1852 voulait réformer beaucoup,
après maints projets étudiés, elle en est arrivée à cette
« conviction qui frappe ordinairement les hommes pra-
tiques, quand ils étudient notre système administratif pour
y introduire des améliorations, c'est que ce système établi
et coordonné depuis cinquante ans (aujourd'hui un siècle)
par des travaux successifs, par l'expérience de nos assem-

blées et de nos hommes d'État, peut comporter d'utiles amendements, mais qu'il résiste à toute réforme radicale et profonde » (1). De ces amendements, il y en a eu déjà ; l'histoire du régime financier municipal, que nous ferons dans une première partie, nous en montrera les transformations successives jusqu'à la législation actuelle. Ces institutions ont varié suivant les différents régimes politiques qui se sont succédé en France, chacun a eu les siennes et plus exactement, par des modifications importantes, a imprimé son caractère propre à l'organisation financière de son prédécesseur ; pourquoi en serait-il autrement aujourd'hui et devrions-nous, sous un gouvernement républicain, conserver intactes les institutions impériales ? On ne restera pas stationnaire dans cette voie et l'on peut souhaiter de nouveaux amendements, d'utiles surtout. Nombreux sont ceux qui en proposent, beaucoup en raisonnent, et cependant combien peu le font en connaissance de cause !

L'essence du régime financier de la commune, le pivot sur lequel il repose tout entier, c'est le budget. Nous en étudierons, dans une seconde partie, les divisions principales, nous nous arrêterons tout particulièrement sur certaines d'entre elles qui, en raison des abus auxquels elles ont donné lieu dans la pratique, méritent surtout notre attention pour en rétablir les règles et signaler les défauts. Nous suivrons pour ce travail la loi de 1884 ; toutefois il

____

(1) D'Audiffret. *Système financier de la France*, vol. III. p. 480.

ne faut pas attendre de nous un commentaire de la législation municipale ; là n'est pas notre but, quoique nous soyons obligé de nous y reporter souvent nous nous placerons surtout au point de vue financier, comme l'indique le titre que nous avons adopté, sauf à renvoyer fréquemment aux textes de lois pour faire ressortir la corrélation entre les principes de l'un et l'autre ordre, entre la théorie et la pratique.

Enfin nous compléterons cette étude par quelques notions de législation comparée ; au fur et à mesure que nous avancerons, nous établirons entre le système français et les systèmes étrangers une comparaison succincte pour montrer les différences qui les séparent. Nous aurons en même temps l'occasion de signaler certaines institutions récentes dont ces pays ont fait une expérience heureuse.

PREMIÈRE PARTIE

L'ORGANISATION COMMUNALE EN FRANCE
ET A L'ÉTRANGER

HISTORIQUE

L'histoire de l'administration financière des communes est intimement liée à celle de leur organisation politique et nous serons obligé, pour la parcourir, de retracer les phases successives de leur développement sous les différents régimes. Ce travail s'impose d'ailleurs, si nous voulons apprécier sainement les règles auxquelles devait obéir le pouvoir financier dans la commune, les limites dans lesquelles il pouvait se mouvoir comme aussi les actes dont il assumait la responsabilité et la manière dont cette responsabilité était mise en jeu. Nous suivrons pour cet exposé les grandes divisions de l'histoire générale et nous distinguerons cinq périodes :

1º L'époque gallo-romaine ;

2º Le moyen âge ;

3º La monarchie ;

4º La période révolutionnaire ;

5º Les temps modernes.

CHAPITRE PREMIER

ÉPOQUE GALLO-ROMAINE

Sous la domination romaine, la Gaule nous présente
l'organisation générale des provinces de l'Empire ; la circonscription dernière, la cellule élémentaire du groupe,
comme l'on dit quelquefois, c'est le municipe ; toutefois il
ne faudrait pas l'identifier avec notre commune actuelle :
le municipe est un État conquis, indépendant de ses voi-
sins et se suffisant à lui-même, il se rattache directement
à Rome ; la commune de nos jours au contraire est une
division de l'État, un degré de la hiérarchie administrative, plus ou moins soumise aux diverses autorités supé-
rieures. Pour l'organisation, le municipe est calqué sur la
ville d'Italie ; les curiales, chargés de recouvrer les impôts
pour le compte de l'État, sont préposés également à
l'administration locale ; à l'origine du moins, ils gèrent le
patrimoine communal, perçoivent les revenus et paient
les dépenses. Plus tard le pouvoir central, pour augmenter
et fortifier son influence dans la cité, y établit un magis-

trat, le *defensor civitatis*, qui, aux fonctions municipales réunit certaines attributions gouvernementales ; au point de vue financier cependant, le recouvrement des ressources locales continue à être opéré par les curiales qui en répondent, non seulement sur leurs biens, mais aussi sur leur personne. Leur situation devient intolérable. Ils désertent leur charge malgré les peines sévères qui la rendent obligatoire.

Lors de l'invasion des Barbares, la vie municipale est interrompue quelque temps. Les Germains, avant de fondre sur la Gaule, avaient leur organisation : des tribus administrées par l'assemblée des hommes libres et le conseil des « principes » ; ce sont les groupements élémentaires dont la réunion constitue le peuple germain, comme la réunion des communes forme un État, mais avec ces différences essentielles qu'à la tribu ne correspond, au moins à l'origine, aucune circonscription territoriale, que ces groupes sont indépendants l'un de l'autre et réunis seulement par une sorte de lien fédératif ; en tout cas, il n'existe pas cette hiérarchie rigoureuse des pouvoirs, cette cascade des autorisations que l'on rencontre parfois aujourd'hui. Les Germains s'établissent sur le territoire conquis, mais sans imposer leurs institutions, car nous voyons, d'après les formules de Marculfe, de Sirmond et de Lindenborg que l'on continue à observer les rites romains. Marculfe a intitulé une formule « Actes pour insinuer les donations selon la coutume des Romains » dans laquelle il explique l'insertion aux actes municipaux devant les magistrats

municipaux (1). Sans prendre parti dans la controverse
sur l'existence d'impôts, on peut admettre que les Gallo-
Romains continuent à payer aux Francs les taxes qu'ils
payaient à l'Empire et que le peuple Franc reste soumis à
l'obligation de remettre au chef de la tribu des dons
volontaires, une part des compositions, etc...

« Lors de l'établissement de la monarchie en France,
le comte et l'évêque remplacent les municipes dans une
grande partie de leurs fonctions » nous dit Dupin (2). Le
comte était l'homme du Roi, l'évêque était l'homme de la
cité. Le comte, qui remplace le lieutenant de l'Empire,
avance l'impôt à jour fixe et le perçoit à ses dépens ou
l'afferme. Déjà l'on voit se fonder des domaines seigneuriaux, les rois ont concédé des fiefs et bénéfices, l'importance sociale se mesure à la terre. En même temps il
s'élève des communes possédant un corps de ville, des
tribunaux, en vertu de capitulations faites avec Clovis;
l'on peut citer : Toulouse, Périgueux. Ces villes resteront
en possession de leurs honneurs municipaux jusqu'à la
fin de la dynastie carlovingienne. Pour maintenir l'unité
de cet empire immense qu'il avait fondé, Charlemagne
établit des inspecteurs généraux, les *missi dominici,*
chargés de contrôler l'administration des comtes et de la
rattacher ainsi au pouvoir central. Mais cet essai de
centralisation devait avoir peu de durée, il disparaît
avec le grand empereur.

(1) Raynouard. *Histoire du droit municipal en France.*
(2) Dupin. *Hist. administrative des communes de France,* p. 12 et s.

CHAPITRE II

Après le démembrement de l'Empire, les successeurs de Charlemagne n'ont pas assez de puissance pour maintenir l'organisation antérieure, la centralisation s'affaiblit au point de disparaître. Les comtes, officiers royaux, s'arrogent plus en plus d'indépendance ; après l'édit de Kiersy-sur-Oise (877), leurs bénéfices deviennent héré-ditaires, ils revendiquent sur leurs fiefs des pouvoirs absolus. Ils étendent leur domination sur les terres environnantes, au point que l'adage se fonde « Nulle terre sans seigneur ».

Que devient alors l'administration locale ? Dans les campagnes elle est aux mains des seigneurs qui perçoivent les redevances et subviennent aux dépenses. Les villes sont sous la dépendance de plus en plus étroite des comtes héréditaires, remplacés ensuite par les prévôts et baillis.

Au XIᵉ siècle, cependant, la domination féodale pèse sur les villes et villages, le souvenir des libertés an-

ciennes n'est pas effacé, il se produit une réaction. C'est
plutôt une ligue défensive contre les excès et l'arbitraire.
qu'un soulèvement dans le but de créer une organisation
politique. Dirigé contre les représentants de la féodalité,
ce mouvement est appuyé et favorisé par la royauté, mais
suivant les contrées, il revêt un caractère différent. Dans
le nord, les communes prennent les armes et arrachent
par la force une charte au seigneur, elles entrent ainsi
dans la hiérarchie féodale comme « seigneuries collec-
tives ». Dans le centre, les concessions se font pacifique-
ment : c'est une série de privilèges et d'exemptions que le
seigneur accorde successivement et qui garantissent à la
cité un ensemble de libertés. Dans le midi enfin, les
chartes des villes italiennes, constituées en petits états
indépendants, servent de modèle et assurent aux communes françaises une réelle autonomie : Toulouse ne veut
relever que de la juridiction de ses jurats, Marseille se
réserve le droit de conclure des traités d'alliance avec
Pise et Gênes.

L'organisation des villes revêt ainsi différentes formes
suivant l'étendue des libertés accordées ; on peut en distinguer trois types :

1º *La ville de bourgeoisie.* — Elle obtient seulement l'a-
bolition de certains abus, le rachat de certains droits ; elle
ne jouit pas de l'indépendance administrative, le seigneur la gouverne par un prévôt, rarement la population
est associée à l'administration locale. La charte la plus
célèbre dans ce genre est celle qui fut octroyée par Louis

le Jeune, en 1155, à la commune de Loris, elle a servi de modèle à de nombreuses villes du centre;

2° *La commune.* — Elle se place dans le lien de vasselage vis-à-vis du seigneur, mais possède des attributs de la souveraineté et certaines libertés. L'administration appartient à des magistrats élus, assistés d'un corps délibérant; elle a le droit de faire ses règlements, de rendre la justice, d'entretenir une milice, de gérer le patrimoine. C'est le type le plus répandu dans le nord et qu'inaugurèrent les villes du Mans et de Cambrai;

3° *La ville de consulat.* — Comme le nom le rappelle, c'est au droit romain que cette organisation a été empruntée par les villes du midi. En vertu de statuts, et non d'une charte, des magistrats: consuls ou syndics, exercent les pouvoirs exécutif, administratif et judiciaire; ils sont assistés de deux assemblées.

Le signal une fois donné, le mouvement se généralise, les puissances du temps doivent s'y prêter souvent avec une bonne grâce apparente. Le roi de France, de son côté, favorise cet essor; il triomphe ainsi des grands seigneurs féodaux, naguère encore ses pairs et rivaux, à qui il fait reconnaître sa suprématie.

Quant au régime financier, il est spécial à chaque commune en apparence, au fond il s'écarte peu d'un cadre commun : les impôts, autorisés par la charte ou postérieurement par le seigneur, sont levés avec le consentement de l'assemblée générale des habitants et affectés à certaines dépenses. Ils reviennent en partie au seigneur

pour les services généraux dont il assure le fonctionnement et en partie à la commune elle-même pour certaines
dépenses qui lui incombent, spécialement en matière de
voirie. La même autorité exerce à peu près tous les pouvoirs : administration et justice. Pour le contrôle cependant on peut signaler une différence : dans les campagnes
les comptes sont vérifiés par l'assemblée générale des
habitants; dans les villes, cette prérogative revient au
bailli représentant du seigneur.

CHAPITRE III

Un siècle à peine s'est écoulé depuis l'affranchissement
des villes et villages, lorsque déjà un retour en arrière
s'effectue ; les libertés tant convoitées et parfois si chère-
ment achetées s'éparpillent et disparaissent une à une.
Deux causes en effet concourent à ce résultat : le Roi, qui
naguère secondait la bourgeoisie dans son émancipation,
s'est fait reconnaître par les seigneurs comme leur suze-
rain, il se retourne contre ses alliés d'hier pour leur
demander, leur imposer le même hommage. D'autre part,
les communes qui avaient seulement voulu se protéger
contre les injustices, l'arbitraire féodal, ont obtenu la
liberté, l'indépendance même vis-à-vis d'un pouvoir central trop faible pour les dominer ; mais elles n'étaient pas
préparées à ce changement brusque, elles sont devenues
des organismes sociaux isolés, à ces corps il manque une
tête ; les dissensions intérieures naissent, les bourgeois
deviennent tyranniques vis-à-vis de leurs inférieurs, les
libertés des villes deviennent les privilèges d'une oligarchie

au préjudice du peuple. Comme le dit Guizot : « on avait
conquis une charte pour se soustraire aux violences du
seigneur, on tombait en proie aux exactions des maires
et échevins. »

Toutefois le régime communal n'a pas eu partout le
même résultat funeste ; s'il a été cause de graves désordres financiers, on ne doit pas le condamner pour cela
comme incompatible avec une administration sage et
stable. Les libertés qu'il impliquait, ont imprimé souvent
aux cités un essor considérable dans la voie du progrès
des arts et de l'industrie. On trouve aux XVe et XVIe siècles
des villes très prospères, et beaucoup, même de richesse
tout ordinaire, ont une situation financière qui ne le cède
en rien à celle de l'État, si encore elle ne lui est pas pré-
férable. Faisant l'histoire de la ville d'Amiens, un
auteur (1) l'affirme : « A l'organisation défectueuse des
finances du royaume, nous opposons l'excellente organisation des finances communales et le contraste est frap-
pant. » Augustin Thierry va plus loin : « Les traditions de
notre régime administratif sont nées dans les villes, elles
y ont existé longtemps avant de passer dans l'État ; les
grandes villes, soit du midi, soit du nord, ont connu ce
que c'est que travaux publics, répartition des impôts,
rentes constituées, dette inscrite, comptabilité régulière,

(1) De Calonne. *La Vie municipale au* XVe *siècle dans le nord de
la France.*

bien des siècles avant que le pouvoir central eût la moindre expérience de tout cela. (1) »

Cette diversité de résultats se rattache peut-être aux différences de chartes, à l'étendue variable des libertés accordées, à la perfection plus ou moins grande de l'organisation. De bonne heure, plusieurs tentatives d'unification sont faites. A l'époque où nous sommes, deux types de communes semblent dominer : à la campagne, le syndic exécute les délibérations de l'assemblée ; en ville, le corps de ville, présidé par le maire, est assisté d'un conseil élu. Quelle que soit leur forme, les communes ne tardent pas à se rattacher toutes les unes après les autres au pouvoir central. Le Roi de son côté s'empresse de profiter de ces circonstances qui servent si bien sa politique et son Trésor, circonstances que souvent déjà il a lui-même provoquées par son intervention progressive : peu à peu en effet, les officiers royaux se sont introduits dans la commune, des ordonnances successives élargissent leurs pouvoirs. Dans les campagnes, nous dit M. Babeau (2), « les communautés ne pouvaient lever sur elle aucune contribution sans lettre d'assiette..... en revanche elles aliènent, achètent, empruntent..... elles le font avec si peu de mesure que le jour où Louis XIV s'empara des rênes du gouvernement, il trouva une grande partie des communes obérées,

(1) Augustin Thierry. *Considérations sur l'histoire de France.* Cité par M. Delpit dans *Bibliothèque de l'Ecole des Chartes,* première série, t. IV. *Étude sur l'ancienne administration des villes.*
(2) M. Babeau. *Le Village sous l'ancien régime,* p. 25.

appauvries, ruinées..... il en prit résolument la tutelle. »
Dans les villes « on avait supprimé les assemblées, sous
prétexte qu'elles étaient souvent tumultueuses, on y avait
remplacé les magistratures municipales électives par des
offices vénaux pour se procurer des ressources. »

C'est qu'en effet, les embarras financiers ont été fréquents
et considérables sous l'ancien régime ; pour y parer, en
même temps que des arrêts rendent les charges municipales tour à tour vénales et électives, on interdit aux
localités de puiser à certaines sources de revenus très productives, l'État se les réserve, quand parfois même, il ne
va pas jusqu'à se les attribuer en entier, comme le fit
Mazarin en 1647 avec les octrois.

Enfin au XVIIe siècle, l'unification est presque réalisée :
les communes existent en France : les unes, les villes,
plus anciennes, après avoir joui de la liberté, de l'autonomie même, ont été épuisées par des dissensions intestines et obligées de réclamer le contrôle d'un pouvoir
supérieur ; les autres, communautés rurales, de création
plus récente, car elles ont été plus longtemps asservies
au seigneur, ont été abandonnées ensuite à leur inexpérience des affaires administratives et contraintes à accepter
l'autorité des fonctionnaires royaux. Toutes en un mot
sont également soumises à une centralisation étroite par
l'intermédiaire des intendants, directement au profit de la
province, indirectement au profit de l'État. On pourrait
leur appliquer ce que Law disait à D'Argenson du royaume
et des provinces : « Sachez que le royaume de France est

gouverné par trente intendants. Ce sont trente maîtres
des requêtes commis aux provinces d'où dépendent le
bonheur ou le malheur de ces provinces, leur abondance
ou leur stérilité. »

Quand, il y a plusieurs siècles, les populations ont
conquis leurs franchises, c'était le joug du seigneur qu'elles
secouaient, c'est aujourd'hui celui du Roi qui pèse sur
elles et pour venir de plus loin, son poids n'en est pas
moins lourd. L'esprit d'initiative est étouffé, la situation
des syndics est lamentable, l'on pressent déjà le mécontentement qui va, grandissant, conduire à la Révolution ;
toutes les réformes seront désormais impuissantes à contenir ce mouvement.

Durant cette époque, les finances communales prennent
un développement qui mérite de retenir notre attention.
Les communes, ayant obtenu par l'affranchissement une
sorte d'autonomie, possèdent désormais une organisation
financière assez complète. Jusqu'alors le peu de ressources
dont elles avaient besoin leur était fourni au moyen de
taxes ajoutées aux tailles, comme nos centimes additionnels
aux impôts d'État, et avait dès l'origine une affectation
expresse : c'était le système de la spécialité. Il en sera
encore ainsi jusque vers le xvii° siècle dans les campagnes.
Si les communautés rurales n'obtiennent que dans la suite
certaines prérogatives, du moins elles les conservent plus
tard que les villes. M. Babeau nous fait un tableau assez
exact de leur situation en 1779 : « Le chapitre des recettes
consistait principalement dans le produit de la coupe des

bois communaux, dans la contribution que chaque habitant
versait en touchant sa part d'affouage. Si un trop grand
nombre de villages portaient dans leurs colonnes de
recette le mot : néant, il en était d'autres dont les revenus
suffisaient à acquitter toutes les charges... Dans les communautés riches, il y avait quelquefois des receveurs
patrimoniaux, ils étaient élus par les habitants... Les
dépenses étaient toujours soumises aux habitants. Le
syndic ou le juge indiquait les dépenses obligatoires et
proposait les moyens d'y subvenir. Les habitants approu-
vaient ou repoussaient les dépenses facultatives. En les
examinant lorsqu'elles étaient faites, l'intendant ou le
subdélégué pouvait rejeter celles qui ne lui paraissaient
pas justifiées, et les mettre à la charge du syndic. » L'édit
de 1787 remplace, dans les villages, l'assemblée générale
des habitants par un conseil municipal électif.

Dans les villes, et leur nombre augmente beaucoup à
cette époque, l'organisation financière est presque complète,
nous l'envisagerons spécialement à trois points de vue :
les pouvoirs dont dispose l'administration, l'usage qu'elle
en fait, le contrôle auquel elle est soumise.

Lorsque la charte confirmait les libertés de la commune,
en même temps qu'elle lui reconnaissait le droit de lever
des impôts, elle les déterminait et en fixait la destination.
C'est un souvenir de la spécialité qui caractérise encore
les taxes des communautés rurales. Il est vrai de dire que,
l'État n'intervenant pas, les services sont beaucoup plus
nombreux et chargés que de nos jours. Lorsque plus tard

de nouvelles ressources sont nécessaires, l'autorisation royale est accordée par lettres patentes. L'ordonnance de 1383 rappelle cette prescription trop souvent oubliée et mentionne cette clause qui reconnaît le droit de l'assemblée municipale : « en cas toutefois que la plus grande et saine partie des habitants y ait consenti ». Malgré cela, on trouve encore des taxes établies sans autorisation ou détournées de leur affectation ; cette fraude s'explique aisément : le fisc ne délivre les lettres patentes que moyennant des droits exorbitants qui diminuent considérablement le produit des impôts (la proportion de 30 %, est fréquente), quelquefois il s'attribue une part annuelle de ces impôts. L'on comprend dès lors que les municipalités cherchent à dissimuler leurs ressources, car si les octrois leur procurent des revenus importants au point d'exciter la cupidité du Trésor, ils pèsent lourdement sur les contribuables, dont le nombre est encore restreint par les privilèges de classes. En vue de supprimer les services ainsi contitués en dehors des règles, Colbert fait rendre en avril 1683 un édit enjoignant aux villes et bourgs les plus importants, l'ordre de communiquer au Roi l'état exact de toutes les recettes et dépenses. Cet édit contient en germe les règles principales de la comptabilité communale : établissement préalable des dépenses et des ressources, distinction des unes et des autres en ordinaires et extraordinaires, ouverture régulière et spécialité des crédits, législation des emprunts, exercice de la tutelle de l'autorité supérieure. Ces principes sont confirmés par une

déclaration du Roi et étendus par les édits de 1764 et
1765, à toutes les villes, à tous les bourgs.

Que comprend alors cet état exact? La ville, dès son
affranchissement, s'est constituée un domaine : remparts,
hôtel, beffroi ; comme ressources, elle a les cotisations des
habitants, les fondations, les amendes et surtout les impôts.
Quant aux dépenses, en principe, elles sont consenties par
les habitants en assemblée générale ; peu à peu l'on admet
que ce consentement, censé acquis pour les dépenses obligatoires, n'est nécessaire que pour les dépenses extraordinaires sur ressources spéciales.

Cet état, ainsi préparé par l'administration, est transmis
par le syndic à l'intendant ou au subdélégué qui l'arrête.
Au delà d'une limite cependant, les dépenses doivent être
ratifiées par arrêt du Conseil du roi qui les règle pour une
période indéterminée. L'emprunt doit être en tout cas
voté par l'assemblée et approuvé par le Roi.

Le budget moderne est presque trouvé, il manque
l'exercice, c'est-à-dire une période d'exécution déterminée.

Les ressources et les dépenses votées et approuvées, il
appartient à l'officier municipal, quel que soit son nom,
de faire exécuter les décisions de l'assemblée. Nous avons
vu dans la période précédente, que, comme dans la curie
romaine, c'est la même autorité qui procède à l'assiette et
au recouvrement des taxes, à la liquidation et et à l'acquittement des dépenses. De bonne heure cependant il existe,
au moins dans les villes, un receveur de deniers patrimo-

niaux ; en 1262, nous trouvons un premier texte, une ordonnance de saint Louis, qui le mentionne comme fonctionnaire distinct, à qui seul est réservé le maniement des fonds. Mais cet état de choses dure peu, au début du xve siècle, les anciens errements ont repris faveur, d'après M. Babeau : « Sous Louis XIII, nous trouvons les échevins et les consuls s'occupant personnellement de la recette et de la dépense, ou confiant l'une et l'autre à des trésoriers nommés par eux ; ils perçoivent les deniers patrimoniaux qui proviennent des biens fonds, des droits seigneuriaux, des rentes constituées de la ville ; ils lèvent, avec le consentement des assemblées générales, des taxes spéciales où les octrois nécessaires pour assurer les dépenses ordinaires et extraordinaires. » Dans certaines villes, comme à Amiens, au xve siècle, il y a plusieurs comptables : le Maître des présents payeur de rentes, le Receveur de rentes, le Maître des ouvrages et principalement le Grand Compteur, ministre des finances au petit pied, dont les autres ne sont que les agents tenus à lui rendre compte des recettes et dépenses qu'ils effectuent dans leur département.

Au xvie siècle la charge de receveur devient vénale, ce changement n'était pas fait pour diminuer les abus qui se produisaient déjà ; en 1581, une ordonnance en prend motif pour remettre au roi la nomination des receveurs sur présentation par l'administration municipale. En 1764 un édit leur défend de payer sans un mandat signé et du maire ou d'un échevin et du greffier, c'est une sorte de main mise sur les finances locales.

Quant au contrôle, il faut remonter assez haut pour en
retrouver l'origine : saint Louis en 1256 enjoint aux receveurs de villes de compter chaque année devant la Chambre des comptes, mais son ordonnance ne tarde pas à
devenir lettre morte. Au xive siècle, nous retrouvons une
institution qui rappelle les *missi dominici* de Charlemagne , ce sont les commissaires réformateurs, chargés de
rechercher les abus. Pour la reddition des comptes, il n'y
a pas de règle fixe, ce sont tantôt les juges locaux, tantôt
les officiers municipaux qui les reçoivent : à Saint-Quen-
tin ce sont les conseillers de ville assistés de prud'hommes ; à Auxerre, le bailli ; à Douai, l'assemblée générale ;
quelquefois les échevins les rendent à leurs successeurs.
Mais c'est ordinairement la Chambre des comptes qui les
juge définitivement : « Les comptes des deniers communs
des villes de notre royaume levés par octroi et permission
de nous, seront oyz, examinez, cloz et affirmez en icelle
chambre de nos dits comptes à Paris et non par devant
les commissaires ni ailleurs, » ordonne le roi en 1560. Si
l'on s'en rapporte à l'édit de 1692, on doit constater que
le contrôle présente à cette époque une grande publicité,
c'est une des garanties les plus sérieuses de son efficacité,
que nous retrouvons de nos jours en Angleterre et qui
aurait aussi son utilité chez nous. Malheureusement ces
prescriptions tombent bientôt en désuétude ; au xviiie
siècle, le contrôle n'a plus de ce qu'il devrait être que le
nom. M. Babeau nous en trace un tableau assez exact :
« Au siècle suivant (*le dix-huitième*), les échevinages se

passèrent trop souvent du concours des assemblées générales ; les corps de ville ordonnançaient les dépenses, les comptes étaient uniquement vérifiés par les auditeurs. Dans les pays d'élection, l'intendant s'était peu à peu emparé de la surveillance et de l'approbation des comptes municipaux..... il s'était immiscé dans les comptes des villes pour approuver leurs octrois ou réduire leurs dettes, il finit par réglementer leurs recettes comme leurs dépenses..... Dans les pays d'États, des commissions spéciales exerçaient le contrôle financier. Une commission des États de Bourgogne s'occupait des dettes et des comptes des villes et villages..... Les Cours des comptes étaient depuis longtemps en possession de vérifier les comptes communaux. »

Enfin, lorsque la Révolution éclate, les finances des communes sont aux mains des intendants, beaucoup trop faciles depuis longtemps pour autoriser les impôts et les aliénations et peu soucieux du contrôle dont ils se sont emparés et qu'ils n'exercent que très imparfaitement.

CHAPITRE IV

PÉRIODE RÉVOLUTIONNAIRE

Sous l'ancien régime, nous avons vu les communes, protégées par leurs franchises, mettre à profit la pratique et l'expérience de chaque jour et se doter petit à petit d'une organisation administrative excellente. Si les résultats n'ont pas répondu aux espérances qu'elle donnait, c'est à cause de l'intervention malheureusement centralisatrice des officiers royaux d'une part, et surtout à raison du caractère vénal que le Roi n'a pas craint d'imprimer aux charges municipales pour alimenter son Trésor.

Durant la période révolutionnaire, les institutions communales sont soumises aux mêmes fluctuations que le pouvoir central; sur les membres extrêmes comme à la tête du corps de l'État, les mêmes remèdes produisent les mêmes effets. On se plaignait avant 1789 d'une centralisation excessive dégénérée en absolutisme, d'une inégalité choquante, il fallait à tout prix y remédier, mais l'on n'a pas su garder la mesure. Le décret du 14 décembre 1789 confie la gestion des intérêts locaux aux mandataires des citoyens, mais sans les rattacher au pouvoir central, d'un mot il met sur le même pied et la ville et la communauté rurale ; c'était établir l'anarchie la plus funeste, créer une inégalité plus blessante encore que celle qui existait. Au moment de leur affranchissement, si les communes n'étaient pas aptes à se gouverner, du moins il restait un pouvoir central pour les protéger contre elles-mêmes et auquel elles étaient reliées par des liens plus ou moins étroits ; à la fin du XVIII⁰ siècle, ce pouvoir n'existe même plus, ou, ce qui est pis encore, renonce au droit qu'il a d'intervenir. Il serait puéril de prétexter que les communes ont appris à s'administrer, depuis près de deux siècles que les officiers royaux se sont attachés à étouffer l'éducation politique du peuple là où elle était née et à l'empêcher là où elle ne l'était pas encore. Il n'entre pas dans le cadre de ce travail de faire ressortir en détail les défauts de l'organisation administrative de cette époque et de rééditer tous les griefs qu'on lui a adressés.

L'histoire d'ailleurs fournit un argument puissant en ce sens : l'organisation établie par la Constituante est renversée par la Convention, mais hélas ! sans plus de mesure, et ces intendants, si odieux il y a quelques années à peine, revivent dans les commissaires ou représentants en mission. La même confusion de pouvoirs existe, mais au lieu de se produire dans une seule main, c'est au profit d'un Directoire ; les droits d'annulation et de suspension que se réserve le pouvoir central ne sont qu'un remède insuffisant.

Enfin, nous arrivons à la Constitution de l'an III, la dernière de cette période; le principe fondamental est changé : depuis 1789, les municipalités étaient considérées comme nécessairement indépendantes en ce qui concerne la gestion des intérêts locaux; en l'an III, elles rentrent sous l'action directe du pouvoir central, « ces autorités (administrations départementales et municipales) sont ses agents et ne sont que cela », comme le dit Thibaudeau à propos de l'article 191 de la Constitution. Sous l'ancien régime, le Roi intervenait dans l'administration communale par l'intermédiaire des intendants, la Constitution de 1789 avait subitement brisé ce lien, les abus se produisent nombreux malgré la surveillance des représentants en mission de 1795, maintenant c'est une tutelle étroite que la Constitution établit; bien plus, la nouvelle organisation absorbe la commune dans le canton et détruit toute autonomie des administrations locales au profit du département sans fortifier pour cela le pouvoir central; le commissaire du gouvernement placé à côté des municipalités est chargé de requérir l'exécution des lois sans avoir le droit d'y pourvoir d'office; en résumé, comme le dit le Mis d'Audiffret, la Constitution de l'an III établit « un pouvoir aussi défectueux et plus arbitraire ».

Au point de vue financier, il y a peu de réformes utiles à signaler dans cette période de transformations rapides, qui voit disparaître le lendemain ce que la veille a vu naître. La situation financière des communes, lamentable en 1789, ne fait qu'empirer, vainement l'on essaye de parer aux désordres qui se multiplient ; comme le disait l'intendant de Metz à Colbert, à propos des communes rurales, il n'y avait qu'un remède, « la banqueroute ». Le décret de 1789 adjoint au conseil municipal un certain nombre de notables pour le vote des impositions extraordinaires et des emprunts ; la loi du 10 décembre 1790 exige pour les acquisitions et emprunts l'autorisation du Corps législatif ; de nombreux textes s'occupent des dettes communales jusqu'au décret du 24 août 1793 qui les déclare nationales. Mais il faut remarquer en même temps que, si l'on décharge ainsi les localités, on les dépouille de plus en plus des ressources dont elles disposent : les droits d'octroi sont tour à tour supprimés et rétablis ou remplacés par des sous additionnels, certains droits féodaux perçus au profit des communes sont abolis, le décret des 15-28 mars 1790 autorise, il est vrai, la perception des droits de pesage, de mesurage, etc., mais c'est absolument insignifiant. Enfin la Convention porte le dernier coup lorsque, en 1793, elle retire aux communes leur domaine pour l'aliéner au profit de l'État. Les administrations locales en arrivent à ne pouvoir plus faire face à leurs engagements, l'arrêté du 17 thermidor an V vient à leur secours en allouant au ministre de l'intérieur un crédit pour parer aux nécessités urgentes des communes dans lesquelles une longue suspension de paiements pourrait compromettre la sécurité publique. C'est la loi du 11 frimaire an VII qui réorganise les finances communales : elle établit, en dehors des centimes additionnels, de nombreuses recettes au nombre desquelles se range d'une façon normale à l'avenir l'importante ressource des octrois ; en même temps elle constitue deux fonds communs, l'un départemental, l'autre national, destinés à couvrir le déficit des municipalités.

La Révolution avait aboli la vénalité des offices, désormais les communes peuvent avoir un trésorier nommé par le conseil général communal (1), elles peuvent aussi choisir le collecteur d'impôts ; l'État voyait de bon œil cette dernière situation qui lui mettait dans la main l'un des principaux agents de la commune ; il est vrai de dire que c'était quelquefois aussi une facilité et une garantie pour l'administration locale. La loi du 11 frimaire an VII modifie quelque peu ce régime pour le mettre d'accord avec la division en municipalités cantonales qu'elle établit : désormais il n'y a plus de receveur distinct que dans les municipalités qui à elles seules forment un canton ; dans les communes, c'est le percepteur qui en remplit les fonctions ; pour la municipalité, c'est le secrétaire de mairie.

Les chambres des comptes avaient été supprimées en 1789 (2) ; pour la commune comme pour l'État, le contrôle appartient, durant cette période, à l'administration elle-même, aux assemblées électives, les comptes sont reçus dès lors par le conseil municipal, vérifiés par le directoire de district, arrêtés par le directoire du départe-

(1) Décret des 2-3 décembre 1789, art. 61.
(2) Décrets des 6, 7 et 11 septembre 1790 et 29 septembre 1791.

ment. Sous la Constitution de l'an III, le même principe inspire le règlement du 1er décembre 1798 : les budgets et comptes communaux sont arrêtés par l'administration cantonale qui elle-même remet son compte au directoire du Département.

CHAPITRE V

La régime établi à la fin de la période révolutionnaire paraissait définitif aux esprits fatigués de changements successifs et dont les résultats n'avaient été rien moins qu'heureux. Mais la désillusion naît bien vite : ce grand assemblage de circonscriptions diverses qui ne correspondaient ni aux coutumes ni aux provinces anciennes, d'administrations multiples aux pouvoirs inégaux, portait en lui-même le vice qui en devait amener la ruine : sa complication excessive. Il suffit, pour s'en former une idée, de voir la loi du 11 frimaire an VII faire le départ entre les dépenses communales à la charge des communes du canton, les dépenses municipales concernant le canton entier, enfin les dépenses municipales communales afférentes aux communes qui, à elles seules, constituent une municipalité.

La constitution du 28 pluviôse an VIII vient fonder une organisation beaucoup plus simple, qui est encore la base de celle qui nous régit actuellement, au moins au point de vue financier. « Le système communal et départemental du 17 février 1800, est une des plus belles créations. La dépendance hiérarchique de toutes les autorités publiques, fortement rattachées au pouvoir supérieur et l'uniformité méthodique de la nouvelle administration locale, succédant à l'incohérence du morcellement provincial et à l'imperfection du régime provisoire essayé par les lois de 1789 à 1795, ont constitué définitivement cette puissante unité nationale qui est devenue la meilleure base de l'ordre, de la force et de la grandeur de notre patrie » (1). C'est dire assez combien cette organisation, centralisatrice au dernier degré, répond aux bsoins du moment : au lendemain de bouleversements complets dans toute l'administration, aussi bien nationale que locale, en présence de circonscriptions divisées à l'infini et sans relation aucune avec le passé, il faut en effet simultanément maintenir l'unité politique et aider la vie communale à renaître, c'est ce double principe qui a inspiré la constitution : séparation des intérêts généraux et des intérêts locaux, nomination par le pouvoir central des agents préposés à la gestion des uns et des autres. Cependant l'on doit reconnaître qu'ils n'ont pas été également mis en pratique : la commune est administrée par un Conseil municipal soumis au choix du souverain et présidé par le maire ; mandataire du ministre de l'intérieur, ce fonctionnaire continue à avoir en main la direction quotidienne des

(1) D'Audiffret. *Système financier de la France*, vol. III, p. 415.

affaires, il administre seul en fait, c'est une tutelle étroite.
La Charte de 1814 laisse entrevoir dans un avenir prochain une ère de liberté plus grande ; la question de la
centralisation est discutée en 1815 et 1818 devant les
chambres, quelques mesures libérales aboutissent, deux
projets sont présentés, mais sans résultat. Lors de la
Révolution de 1830, le pays est impatient de jouir des
libertés promises, la Charte les confirme à nouveau et les
étend ; cette fois, la loi vient leur donner la sanction (1) :
la commune élit désormais son administration, si le maire
est choisi par le pouvoir exécutif, du moins c'est dans le
conseil issu du suffrage local. Le principe électif admis,
c'était la liberté fondée, elle va se développer : la loi du
6 juillet 1837 marque un grand pas dans cette évolution ;
le Conseil municipal est soustrait davantage à la domination du gouvernement, il acquiert le droit de prendre des
délibérations réglementaires, c'est-à-dire exécutoires sans
approbation de l'autorité supérieure (2). Avec la République de 1848, le suffrage universel augmente la participation des habitants à la gestion des intérêts locaux ; dans
les villes de plus de 6.000 habitants, le maire et les adjoints
sont à la nomination du Conseil municipal. L'esprit de
décentralisation fait toujours son chemin ; en 1851 une
commission est élue au sein de l'Assemblée législative
pour élaborer un projet d'organisation administrative, la

(1) Lois des 21 mars 1831 et 18 juillet 1837.
(2) Loi du 18 juillet 1837, art. 17.

discussion allait commencer, lorsque le coup d'État de 1852 rétablit en France le pouvoir monarchique. Malgré sa forme unitaire, le gouvernement ne prend pas le caractère absolu de l'ancien régime : néanmoins la tutelle se resserre quelque peu (1) ; si, pour sacrifier aux idées du moment, on donne aux préfets certaines attributions réservées jusque-là au ministre, telles que le règlement de budgets ne comportant pas de centimes extraordinaires, le droit d'autoriser l'établissement de centimes extraordinaires et la conclusion d'emprunts sous certaines conditions, c'est de la déconcentration bien plus que de la décentralisation que l'on fait au moins au début, car le gouvernement conserve la nomination des maires et adjoints, l'Empereur garde le droit de dissoudre le conseil et de nommer une commission : c'est encore la mainmise du pouvoir central sur l'administration locale. Cependant les partisans de la décentralisation n'ont pas abdiqué, leurs idées se répandent ; en 1863, deux écoles sont en présence, soutenues également par de brillants esprits, représentées l'une et l'autre au Parlement par d'éminents orateurs ; le « programme de Nancy » est lancé comme un manifeste, une profession de foi ; les Chambres à leur tour ont repris l'œuvre de la Commission de 1851 et la loi de 1867 vient élargir encore les pouvoirs de l'administra-

---

(1) La Constitution de 1852 donne la nomination des maires et adjoints au Gouvernement, tandis que la Constitution de 1848 les avait déclarés éligibles par les conseils municipaux.

tion communale et augmenter son indépendance vis-à-vis
de l'autorité centrale. C'est cette loi qui, modifiée quelque
peu dans un sens libéral à la suite des projets émis par
la Commission de 1870-71 et lors de la discussion de 1882,
constitue notre régime moderne ; la loi de 1884 n'a fait
que réunir les différents textes pour former ce qu'on
pourrait appeler le « code municipal ». Nous ferons ressortir, en parcourant celles de ses dispositions qui nous
intéressent, les différences qu'elles présentent avec la
législation antérieure.

Etudions maintenant les transformations qu'a subies le
régime financier de la commune durant cette période;
nous suivrons pour cet exposé le même ordre que pour
l'époque précédente, nous verrons d'abord les ressources
et les dépenses municipales, c'est-à-dire l'élaboration du
budget, puis la mise en œuvre de ces éléments, ou, si l'on
veut, l'exécution du budget, enfin le contrôle.

La Constitution de l'an VIII rend à la commune, naguère absorbée dans le canton, son autonomie, son indi-
vidualité ; aux conseils exécutifs elle substitue un agent
unique, mais le gouvernement reprend la tutelle précédemment exercée par le Corps législatif. Chaque municipalité a désormais ses ressources propres, tous les services sont assurés par des crédits votés par le Conseil
municipal, le budget est soumis à l'approbation du préfet,
du ministre ou même du souverain dans certains cas.
L'arrêté du 4 thermidor an X est particulièrement intéressant en notre matière, le premier il pose une règle

uniforme pour la préparation, le vote et le règlement de ce qu'il appelle « l'aperçu des recettes et des dépenses » et qui n'est autre chose que le budget. Nous en extrayons les dispositions les plus importantes :

. . . .

Article 2. — Chaque Conseil municipal formera et arrêtera l'état du passif de la commune... Chaque article portera la date à laquelle la dette a été contractée.

Article 3. — Chaque Conseil municipal indiquera également l'actif de la commune. Il en divisera l'état par chapitre. Le premier comprendra les créances arriérées — le deuxième, les revenus fixes existants — le troisième, les revenus variables.

Article 4. — Les Conseils municipaux... détermineront le nombre des centimes qui seront perçus additionnellement aux contributions... dans les limites établies par la loi.

Article 5. — Les Conseils municipaux ne pourront demander ni obtenir aucune imposition extraordinaire pour les dépenses ordinaires des communes.

. . . .

Article 7. — Les Conseils municipaux indiqueront les moyens d'accroître les revenus ordinaires de la commune : 1° par la location des places aux halles.............. 2°.......... 3° par des octrois........

Article 8. — En aucun cas, la fixation de la dépense présumée des communes ne pourra excéder le montant du revenu aussi présumé.

Article 9. — Tous les centimes perçus, tous les revenus appartenant à une commune seront toujours employés exclusivement pour l'utilité de cette commune.....

Article 10. — L'aperçu des recettes et des dépenses des communes sera adressé par le maire, en double expédition, au sous-préfet.

Article 11. — L'aperçu des recettes et des dépenses sera divisé par chapitres, suivant la nature des unes et des autres.

. . . .

Article 13. — Le sous-préfet examinera l'aperçu et le fera passer dans la quinzaine au plus tard au préfet avec son avis.

Article 14. — Le préfet réglera et arrêtera définitivement l'état des dépenses par chapitre et l'adressera à chaque maire dans la quinzaine suivante.

. . . .

Article 16. — A leur séance ordinaire de chaque année les conseils municipaux entendront le compte des deniers communaux que leur rendra chaque receveur de commune, sans préjudice du compte d'administration à rendre par le maire d'après la loi du 28 pluviôse an VIII.

Article 17. — Le compte avec les observations du conseil municipal et les pièces justificatives seront adressés au sous-préfet qui les fera parvenir au préfet avec ses observations dans le délai d'un mois.

Article 18. — Le préfet arrêtera tous les comptes dans

le délai de deux mois et les renverra aux maires avec toutes les pièces.

Article 19. — Il adressera au Conseiller d'État chargé des dépenses des communes, avant le 1er fructidor, le résultat de tous les comptes des communes et de leur revision pour l'année précédente.

. . . .

Cet arrêté renferme les règles essentielles de la comptabilité communale : vote par le conseil, division en recettes et dépenses ordinaires et extraordinaires, interdiction de présenter le budget en déficit, etc... Le gouvernement pousse au développement des ressources ordinaires afin de décharger le plus possible les contributions d'État des centimes additionnels perçus au profit des communes et de faciliter ainsi la rentrée des premières. Le Trésor impérial à cette époque exige aussi de nombreuses ressources et celles dont il dispose ne suffisent pas toujours ; au milieu de la gloire dont ses armes la couvrent à l'extérieur, la France souffre au dedans de pauvreté, d'embarras financiers graves. Le décret de thermidor (article 9) reste à plusieurs reprises lettre morte, foulé aux pieds par le gouvernement lui-même. Plus d'une fois, en effet, l'État opère ouvertement sur les revenus communaux des prélèvements considérables pour acquitter ses dépenses : c'est, en l'an XIII, 5 % sur tous les revenus ordinaires pour l'entretien des compagnies de réserve (Loi du 24 floréal an XIII, article 16), puis 10 % sur les revenus des propriétés foncières municipales pour les besoins du culte (Loi du 15 septembre 1807, art. 22).

D'autres fois, pour éviter le mécontentement que soulevaient ces contributions d'un nouveau genre, le gouvernement, sous couleur de décentralisation, met à la charge des communes certains services qui incombent à l'État, tels que l'entretien des dépôts de mendicité (Décret du 5 juillet 1808), des maisons centrales de détention (Décret du 7 octobre 1809). Ce sont là autant de « déplorables expédients qui ont provoqué les dissimulations de recettes et les abus des caisses occultes » (1). Il ne faut pas s'étonner dès lors que, malgré une organisation que l'on peut qualifier d'excellente (elle a subi d'ailleurs l'épreuve du temps) la situation financière des communes ne se soit pas améliorée ; vainement les décrets de 1810 et 1811 apportent dans leurs écritures des réformes utiles, des améliorations notables, « ils n'ont d'autre effet que de mettre encore plus en évidence l'épuisement des caisses municipales (2). » Enfin l'Empire, à bout de ressources, ne se contente pas de drainer à son profit celles des communes, il s'attaque même à leur patrimoine, un décret de 1813 cède leurs biens à la Caisse d'amortissement pour être vendus.

« Les communes appauvries par les exigences de la guerre et les prélèvements extraordinaires sans cesse renouvelés, découragées de toute entreprise d'utilité

(1) D'Audiffret. *Système financier*, vol. III, p. 420.
(2) D'Audiffret. *Loc. cit.*, p. 420.

locale », telle est la situation que l'Empire, en disparaissant, lègue au gouvernement de la Restauration.

Obéissant à la réaction qui accompagne son avènement, le Roi s'engage dans la Charte à favoriser le développement des libertés locales : il rend aux communes leurs biens non encore aliénés au profit de la Caisse d'amortissement. Si nous ne trouvons pas à cette époque de réforme générale, si les projets de décentralisation même échouent, nous pouvons du moins constater une évolution libérale de l'organisation existante : un ordre régulier, une comptabilité sévère préparent l'économie et amènent l'élévation des revenus locaux; la confiance se ranime; en même temps le gouvernement diminue peu à peu les exigences de la centralisation; le droit d'autoriser l'établissement de centimes pour insuffisance de revenus passe au pouvoir exécutif, l'intervention des plus imposés dans le vote du budget prévient la prodigalité municipale, enfin par sa probité la Restauration supprime les dissimulations et les gestions occultes du régime impérial; le crédit renaît; les dépôts au Trésor des fonds libres appartenant aux communes s'augmentent tout à coup dans une forte proportion, ils atteignent bientôt un total inconnu jusqu'alors.

La monarchie de 1830 poursuit à grands coups l'œuvre de décentralisation commencée; la loi de 1837 vient modifier, jusque dans son principe, l'organisation administrative, mais le régime financier ne varie guère : l'établissement de centimes pour insuffisance de revenus, soumis précédemment à l'autorisation du pouvoir exécutif, est déclaré facultatif sous certaines conditions, les impositions extraordinaires pour dépenses obligatoires sont désormais autorisées par le préfet. A part quelques différences d'ordre secondaire, que nous signalerons au passage dans l'étude du régime moderne, la loi de 1837 établit une économie budgétaire qui s'écarte bien peu de celle que consacrent les lois de 1867 et 1884 avec un esprit un peu plus libéral. La seconde République et l'Empire n'ont, par les lois du 3 juillet 1848, des 7 juillet 1852 et 5 mai 1855, fait que modifier la nomination des maires et adjoints, la composition du conseil municipal, pour les mettre d'accord avec le principe général de politique, qui les caractérise.

La gestion des finances communales est heureusement soustraite aux nombreux bouleversements dont le pouvoir local nous a offert le spectacle durant cette période ; nous pouvons constater, notamment dans les dernières années de l'Empire et sous la Restauration, une évolution lente mais continue vers une organisation irréprochable. L'arrêté du 4 thermidor an X avait consacré la loi du 11 frimaire an VII, qui confiait la surveillance au maire et la gestion des deniers à un préposé spécial, distinct du percepteur de l'État dans les villes de plus de 20.000 habitants. Le décret du 27 février 1811 charge le ministre du Trésor de surveiller les caisses municipales ; l'ordonnance de 1823 étend aux comptabilités municipales les règles établies pour les finances de l'État par les diverses instructions ministérielles de 1822 et 1824. Conformément à ses traditions d'ordre et de probité, la Restauration, pour augmenter encore les garanties données, couvre les actes des receveurs municipaux par la responsabilité des receveurs généraux et particuliers des finances qui acquièrent sur eux le droit de contrôle (ordonnance du 19 novembre 1826). La nomination de ces agents est attribuée presque définitivement au pouvoir exécutif. La grande ordonnance du 31 mai 1838, portant « Règlement sur la comptabilité publique », constitue un code complet des règlements qui régissent aussi bien les finances de l'Etat que celles de la commune ; reproduites par le décret du 31 mai 1862, la plupart de ses dispositions sont encore en vigueur de nos jours. Ainsi le Consulat et l'Empire avaient créé, la Restauration organise.

La Constitution de l'an VIII remplace pour le contrôle des finances l'ancien bureau de comptabilité par une commission de comptabilité choisie par le Sénat et dont les attributions sont déterminées par l'arrêté du 22 frimaire an IX. Plus tard, la loi du 16 septembre 1807 établit la Cour des comptes et lui attribue le contrôle financier des communes dont le budget est réglé par l'Empereur. Sous la Restauration, les comptes arriérés sont mis à jour, les contestations tranchées définitivement en appel devant la Cour des comptes ; l'ordonnance du 23 avril 1823 étend sa compétence aux communes dont le revenu dépasse 10.000 francs ; plus tard, en raison du nombre croissant des communes soumises à cette juridiction, la loi communale de 1837 doit élever la limite à 30.000 francs. Peu.

après, l'ordonnance du 31 mai 1838 vient réglementer jusque dans ses détails le contrôle financier en déterminant l'organisation et la compétence de la Cour des comptes, la forme de ses jugements. Successivement modifiée en 1848 et reformée en 1852, la Cour a vu confirmer son ancienne juridiction par le décret du 31 mai 1862 qui la réorganise ; ce même décret confie aux Conseils de Préfecture le jugement des comptes des communes dont le revenu est inférieur à 30.000 francs et donne, à la Cour, la connaissance des appels sur ces arrèts.

La Cour des comptes a conservé jusqu'à nos jours son rôle de Tribunal contrôleur général des finances.

CHAPITRE VI

Avant d'aborder l'étude de la législation française en
matière de finances communales, et puisqu'il rentre dans
notre plan d'établir certaines comparaisons avec la législation étrangère, il n'est peut-être pas inutile de donner
dès maintenant, comme nous venons de le faire en détail
pour la France, quelques notions historiques succinctes
sur la formation et l'organisation administrative de la
commune dans les différents pays qui nous occuperont :
la Belgique, l'Angleterre, l'Italie et l'Allemagne.

Belgique. — Au moment où disparaît la féodalité, il
existe en Belgique des communes rurales et des villes ;
leur origine rappelle par beaucoup de points celle que
nous avons attribuée à l'administration municipale en
France, mais leur évolution diffère. La commune belge,
au lieu de disparaître, est reconnue par le souverain et
dotée d'une assez large indépendance administrative :
bourgmestre, échevins, receveur, magistrats locaux assis-

tés d'un représentant du prince, c'est une organisation
plus libre qu'en aucun pays à la même époque. De leur
côté les villes, soumises à de sanglantes révolutions
aux XIIIe et XIVe siècles, ont lutté contre Charles-Quint,
et si, vaincues, elles ont dû abandonner à l'Empereur le
prix de sa victoire, elles ont préféré sacrifier leurs privilèges
politiques pour conserver leur autonomie administrative,
seules en Europe au XVIIIe siècle elles la possèdent
encore. Avec la domination française, la centralisation
la plus rigoureuse s'impose sans distinction de raug à
toutes les autorités locales. En 1814, la constitution des
Pays-Bas restaure les franchises municipales un moment
abolies. Quelques années après la proclamation de l'indépendance belge, la loi du 3 mai 1836 établit le régime
municipal, qui, modifié quelque peu par plusieurs lois (1),
est encore en vigueur aujourd'hui et peut être regardé
comme le plus libéral en Europe. La ville et la commune
rurale sont sur le pied d'égalité et possèdent également
un conseil communal élu au suffrage restreint, des échevins choisis par le conseil, un bourgmestre nommé par
le Roi. L'autorité municipale possède, comme en France,
deux sortes d'attributions : les unes, d'intérêt général,
procédant d'une délégation du gouvernement; les autres
purement municipales, exercées en vertu d'un pouvoir
propre, indépendant, autonome. L'exécutif est représenté
par le collège échevinal en entier, composé du bourgmes-

(1) En 1842, 1848, 1865, 1872 et 1887.

tre et des échevins ; le bourgmestre seul n'a pas qualité pour agir, sauf en certains cas urgents, notamment dans l'intérêt de la sécurité publique.

Angleterre. — L'histoire communale présente en Angleterre ce caractère particulier que la division en villes et communes rurales se perpétue jusqu'à nos jours, et que chacune de ces deux branches suit une évolution distincte. Le mouvement d'émancipation se produit tardivement ; c'est vers le xv⁰ siècle seulement que les villes ou bourgs (boroughs) obtiennent leur charte d'incorporation et le droit de représentation au Parlement ; ce sont de véritables seigneuries féodales. Peu à peu elles se développent, mais les rivalités de partis amènent des dissensions, les intérêts municipaux restent en souffrance, les finances sont dilapidées ; au xvii⁰ siècle, l'administration passe aux mains des fonctionnaires royaux. En raison de nouveaux abus le gouvernement veut entreprendre une réforme : c'est l'œuvre de la grande loi de 1835, elle rétablit et organise l'élection des magistrats urbains ; sans abdiquer les droits de la royauté sur l'administration locale, elle jette les bases du « selfgovernment » moderne ; dès lors sept lois augmentent successivement jusqu'en 1888 les pouvoirs et le nombre des bourgs incorporés. Aujourd'hui le bourg anglais possède un conseil municipal élu, des aldermen et un maire nommés par le Conseil ; le pouvoir exécutif appartient aux aldermen et au maire réunis. Toutefois, s'il y a uniformité d'organes, il existe dans l'étendue de leurs pouvoirs une variété considérable, on distingue plusieurs classes de bourgs. Les attributions administratives sont strictement limitées, le pouvoir central les étend au fur et à mesure des besoins de chacun, mais en revanche, une fois concédées, elles échappent complètement à son intervention. Seul, le contrôle financier est sévèrement organisé.

Des bourgs si nous passons à la campagne, nous trouvons jusqu'à ces derniers temps une diversité plus grande encore, même dans les rouages administratifs. A l'origine, dans le comté administré par le shériff, il n'y a que la paroisse (parish), pure association religieuse ; plus tard elle devient civile, possède une assemblée (vestry) dont les membres ont un nombre de voix proportionnel à leur part d'impôts ; au fur et à mesure que les besoins naissent, on voit paraître pour chaque service une administration avec ses circonscriptions et ses ressources : telles l'assistance publique en 1510, la voirie en 1554. Mais ces paroisses deviennent peu à peu insuffisantes en présence du développement des services, on les groupe en unions (1), un « board of guardians » administre, la paroisse perçoit l'impôt et paie. Peu après, ce sont les districts sanitaires que l'on constitue (2), avec bureaux locaux sous l'autorité d'un « central board », le gouvernement intervient ici pour la première fois dans l'administration municipale.

____

(1) Loi du 14 août 1834, 4 et 5. Guill. IV, chap. LXXVI.
(2) General public health act de 1848, 38 et 39. Vict. c. 55.

En 1862-64 pour la voirie, en 1870-74 pour l'instruction publique, on procède de même. L'on peut juger de l'enchevêtrement de ces circonscriptions auxquelles correspondent autant d'administrations, de taxes, etc... En 1875 les idées d'unification se font jour : une loi réunit les services d'assistance et de salubrité ; restent en haut le comté où le juge de paix a remplacé le shériff, en bas la paroisse, simple circonscription financière pour la perception de l'impôt local unique, la taxe des pauvres (poor rate), au centre le district, urbain s'il renferme un bourg, rural si l'union de paroisses qu'il comprend n'est rattachée à aucun district urbain. Enfin deux lois récentes sont venues donner à chacune de ces circonscriptions une organisation démocratique : dans le comté, la loi de 1888 a donné à un conseil élu les attributions administratives et financières des juges de paix, leur laissant seulement les fonctions judiciaires qu'ils exerçaient à l'origine. La loi de 1894 a rendu à la paroisse une partie de son importance primitive, en la dotant d'un conseil paroissial (parish council) qui l'administre avec l'ancienne vestry ; au district, elle a établi également un conseil élu.

L'administration locale jouit aujourd'hui en Angleterre d'une liberté très large, mais cet éparpillement des pouvoirs, qui lui a permis de fonder son unité sans redouter les crises politiques, amène de nos jours, malgré les idées démocratiques, la nécessité d'une centralisation étroite.

Italie. — C'est en Italie que le mouvement communal

a pris naissance et que les unités sociales sont restées le plus longtemps prépondérantes. Dès le xie siècle, des villes du nord jouissent de l'autonomie, constituent de véritables républiques aristocratiques, qui ont résisté à l'Empire germanique même. Plus tard, lorsque le commerce s'est développé dans leur sein, profitant des luttes entre corporations et bourgeois, les princes se sont emparés du pouvoir, c'est l'époque de l'absolutisme local, au xve siècle. Quelques siècles après, à la faveur de la domination étrangère, l'unité politique se forme. La législation française reconnaît les communes rurales ; le régime représentatif s'implante en Piémont et de là se répand bientôt dans toute la Péninsule.

L'organisation communale actuelle a été unifiée par la loi du 10 février 1889 (1) qui établit un régime représentatif basé sur le cens et les capacités ; chaque commune possède un Conseil élu (consiglio), une junte (uginta) nommée par le Conseil, un syndic ou maire (sindaco) (2);

(1) La loi du 10 février 1889 approuve le texte unique de la loi municipale et provinciale (lois du 20 mars 1865 et du 10 décembre 1888). Un décret du 10 juin 1889 approuve le Règlement d'administration publique pour l'application de cette loi. (*Annuaire de Législation étrangère*, 1890, p. 398.)

(2) La loi de 1889 avait reconnu aux communes, les plus importantes seulement, le droit d'avoir un maire éligible. La loi du 25 juillet 1897, promulguée le 5 août de la même année, généralise ce principe : le maire est élu pour 3 ans par le conseil municipal.

La loi de 1897 offre aussi cette particularité (art. 125) que le maire est révocable par le conseil municipal sur la proposition motivée du préfet ou sur la demande du tiers des conseillers et le vote des deux tiers de l'effectif légal.

mais l'administration municipale est loin de jouir en Italie
de la liberté qui lui est accordée dans les autres pays,
notamment en Angleterre et en Belgique ; à raison de sa
pauvreté, elle est soumise, spécialement au point de vue
financier, à une centralisation étroite, sous la dépendance
directe du préfet.

Allemagne. — Le mouvement communal que nous
avons vu se produire en France dès le xie siècle, ne commence en Allemagne que beaucoup plus tard, vers le
xive siècle environ. Nous ne nous arrêterons pas à retracer
cette histoire dans chacun des États de l'Empire, ce serait
s'obliger à de nombreuses répétitions, nous nous contenterons de considérer le principal d'entre eux, la Prusse.

Il faut distinguer d'abord les provinces occidentales
des provinces orientales. A l'ouest, certaines communes
obtiennent dès 1350 des chartes d'affranchissement, mais
c'est au xve siècle qu'elles atteignent l'apogée de leur
indépendance, sans jamais égaler toutefois les villes
d'Italie dont elles envient la souveraineté politique. Plus
durable qu'en France, ce souffle d'émancipation n'est pas
aussi général. A la fin du xve siècle, le pouvoir royal
intervient pour exercer la police, rendre la justice et gérer
les finances par des « Commissions extraordinaires ». Au
xviiie siècle, quand il a absorbé toute l'administration, il
tente de reconstituer à son profit cette vie locale et de
l'épurer. L'ordonnance du 19 novembre 1808 rend aux
communes le choix de leurs magistrats et l'administra-

tion, sauf la police et la justice : c'était l'œuvre de Stein,
le fondateur des villes, comme on l'a appelé. Aujourd'hui
il n'existe pas de différence de principe entre villes et
communes rurales, administrées toutes par un corps électoral censitaire et un pouvoir exécutif collectif. Toutefois
les villes jouissent en fait d'une liberté un peu plus
grande.

Dans les provinces orientales, la commune n'a jamais
existé, à proprement parler ; en tout cas, elle n'a pas
connu l'autonomie ; ce sont plutôt des associations agricoles, si peu habituées à se gouverner, que, depuis 1872
qu'elles sont reconnues autorités publiques, en raison de
leur inexpérience, il s'est formé d'autres associations en
vue d'assurer chacun des services principaux : unions
d'assistance, districts scolaires, etc..., il en existe encore.

Il faut signaler aussi une institution toute spéciale à
cette région : les domaines seigneuriaux ou districts de
terres, territoires sur lesquels le propriétaire exerçait
jadis tous les droits d'un souverain ; aujourd'hui, s'il
remplit encore tous les services, il n'a plus de pouvoirs
politiques depuis 1872.

La législation communale en Prusse est contenue actuellement dans deux lois : celle du 13 décembre 1872 (1) sur
l'organisation des cercles et celle du 3 juillet 1891 (2) sur
l'organisation des communes rurales : villes, communes

(1) *Annuaire de Législation étrangère*, 1873, p. 275.
(2)   id.   id.   1892, p. 271.

rurales et districts de terres sont administrés comme nous l'avons dit, mais ces deux derniers éléments peuvent être réunis pour former un bailliage, sous l'autorité d'un bailli.

Nous en avons terminé avec l'organisation communale en France et à l'étranger ; ainsi qu'il ressort de cet aperçu de législation comparée, la commune a suivi dans son développement une série de phases presque partout les mêmes. Simple association d'intérêts commerciaux ou agricoles, circonscription purement territoriale au début, elle se développe peu à peu ; elle prend un caractère féodal, obtient certains attributs politiques, la souveraineté quelquefois, jusqu'à ce que se produisent des dissensions intestines plus ou moins accusées ; à la faveur de ces divisions, le pouvoir central s'empare de l'administration, elle est réduite alors au simple rôle d'autorité publique, reconnue par l'État, plus ou moins libre.

DEUXIÈME PARTIE

ÉTUDE DU BUDGET COMMUNAL

Le budget moderne est assez difficile à définir d'une façon exacte et complète ; nous venons d'en suivre la formation en France en parcourant l'histoire de l'organisation communale, l'arrêté de l'an X en a donné la composition et cependant la question embarrasse encore les auteurs. Sans parler des dictionnaires de l'Académie et de Littré, qui se sont attachés à la lexicologie beaucoup plus qu'à la technique financière, nous voyons certains ouvrages (1) remarquables sur les finances ne formuler aucune notion concise du budget ; de nos jours des économistes distingués ont essayé d'en condenser dans une formule claire et précise tous les caractères essentiels.

M. P. Leroy-Beaulieu (2) le définit : « un état de prévoyance « des recettes et des dépenses pendant une période déter-

____

(1) *Système financier de la France*, par le marquis d'Audiffret. — *Traité de Finances*, de M. J. Garnier.

(2) *Traité de la Science des Finances*, de M. P. Leroy-Beaulieu.

« minée : c'est un tableau évaluatif et comparatif des
« recettes à réaliser, des dépenses à effectuer ».

M. R. Stourm, constatant le même embarras (1), déduit,
après en avoir fait la critique des formules données par
le Décret du 31 mai 1862 (2) et proposées par M. Leroy-
Beaulieu, la définition suivante : « le budget de l'État est
un acte contenant l'approbation préalable des recettes et
des dépenses publiques. » Nous pouvons l'appliquer au
budget municipal.

C'est aujourd'hui la définition que la doctrine accepte
en la complétant par les termes « pour une période déterminée appelée exercice ». Cette addition, qui n'a pas l'inconvénient que M. Leroy-Beaulieu signale pour le mot
annuel dans le décret de 1862, présente du moins l'avantage de préciser la notion que l'on doit se faire du budget :
elle fait ressortir l'obligation imposée aux administrations
de maintenir toujours la distinction des exercices et la
spécialité des ressources et dépenses qui concernent chacun
d'eux.

Quant à l'hypothèse d'un budget relatif à une période
supérieure à une année, il est douteux qu'elle se généralise
pour la commune, elle a été une exception (3) pour les

(1) R. Stourm. Le Budget.

(2) Décret du 31 mai 1862, art. 5 : « Le budget est l'acte par lequel
« sont prévues et autorisées les recettes et dépenses annuelles de
« l'Etat, ou des autres services que les lois assujettissent aux mêmes
« règles. »

(3) Budget septennal des dépenses militaires en Allemagne. Fonds

budgets d'État ; elle impliquerait de la part de l'autorité chargée de régler le budget municipal une sorte de renonciation à ses droits essentiels.

Il y a d'ailleurs entre ces deux budgets une différence qui corrobore l'assertion ci-dessus : le budget de l'État devient exécutoire par le seul fait du vote, le pouvoir exécutif ne fait que le promulguer ; le budget communal ne mérite son nom que lorsqu'il a reçu l'approbation de l'autorité préposée à son règlement.

Certains auteurs ont conservé au mot budget plusieurs significations : M. Boiteau, dans le Dictionnaire des Finances de L. Say (1), le considère à la fois comme : « 1° projet ou état de prévoyance des dépenses et des recettes d'une année ; 2° loi des dépenses et des recettes votées ; 3° compte réglé des dépenses et des recettes réelles de la période budgétaire. » Nous ne nous arrêterons pas à discuter ces définitions multiples et boiteuses, elles seront réfutées incidemment, nous signalons seulement la regrettable confusion dont elles sont la cause. La science économique ne dispose pour s'exprimer que du langage ordinaire, elle est privée de ces termes scientifiques qui fourmillent dans les traités de sciences plus anciennes, elle doit en conséquence s'attacher pour la clarté à conserver à chaque terme son sens propre. Spécialement, à

consolidé en Angleterre : dépenses pour lesquelles le vote annuel n'est pas requis : liste civile, etc.

(1) *Dictionnaire des Finances*, de L. Say, V. Budget, p. 503.

propos du budget municipal, il n'y a aucune raison pour faire ces distinctions : avant l'approbation administrative, le budget n'existe pas, c'est seulement un « projet ». Nous définirons donc le budget communal : « l'acte contenant l'approbation préalable des recettes et des dépenses de la commune pour une période déterminée appelée exercice. »

Nous suivrons, pour cette étude, l'ordre classique et naturel qui reproduit les phases successives par lesquelles passe le budget, nous distinguerons trois parties :

Le budget avant son exécution ;

L'exécution du budget ;

Le contrôle du budget.

CHAPITRE PREMIER

Cette période de la naissance, de la formation du budget, telle que nous l'avons entendue dans la division de notre étude, comprend d'abord la préparation, puis le vote, enfin le règlement et la publication du budget. A la différence de celui de l'État en effet, que le vote et la promulgation rendent parfait, le budget de la commune n'acquiert pas la force exécutoire par le seul fait du vote en conseil, il a besoin en outre d'être revêtu de l'approbation administrative; c'est en quoi consiste le règlement. Nous comprendrons en conséquence dans ce chapitre :

Section I. — *La préparation.*
Section II. — *Le vote.*
Section III. — *Le règlement.*
Section IV. — *La publication.*

Enfin, sous forme d'appendice, nous donnerons quelques notions de législation comparée sur cette matière, spécialement sur la préparation du budget.

Section I. — Préparation du budget.

La préparation proprement dite du budget municipal consiste à réunir tous les éléments de sa formation, à dresser le projet tel qu'il sera soumis au vote de l'assemblée communale.

C'est le rôle du maire, chargé de proposer le budget (article 145 de la loi du 5 avril 1884); en cas de refus de sa part, le préfet, après l'en avoir requis, y procède d'office par lui-même ou par un délégué spécial (art. 85, Loi de 1884).

Cette opération se fait dans le courant du mois d'avril (1); l'époque est en effet tout indiquée; au lendemain de la clôture de l'exercice, qui correspond à l'année précédente, le receveur établit les restes à recouvrer, l'ordonnateur, avec le concours du receveur, les restes à payer; on se trouve désormais, non plus devant des prévisions, mais en présence de recouvrements effectués, de dépenses acquittées. D'après ces données du dernier exercice connu, le maire fixera le chiffre des propositions pour l'exercice prochain.

Le budget communal se divise en recettes et en dépenses, comme sa définition l'indique, et en budget ordinaire et en budget extraordinaire, conformément à la

____

(1) Instruction générale du 20 juin 1859, art. 814.

loi (1). Cette seconde division a été inaugurée par la loi de 1884, la loi de 1837 l'appliquait aux recettes seulement (2). Cette distinction présente un grand intérêt à plusieurs points de vue, et spécialement, comme l'indique M. Morgand (3), pour fixer la compétence en matière d'autorisation des impositions (4), de jugement des comptes (5), de règlement de budget (6), pour la nomination d'un comptable distinct (7).

Que doit comprendre le budget?

Nous devons dire de suite que notre intention, en répondant à cette question, n'est pas d'énumérer chacune des recettes portées au budget, nous voulons seulement, au point de vue financier, étudier quel genre de ressources la commune tient à sa disposition, comment se divisent ses dépenses, enfin comment doit être théoriquement établi le budget.

I. — Ressources.

Les ressources communales peuvent se diviser en trois

---

(1) Loi du 5 avril 1884, art. 132.

(2) Loi du 18 juillet 1837, art. 31, § 1.

(3) Morgand. *Commentaire de la loi municipale* du 5 avril 1884, tome II, p. 173.

(4) Loi de 1884, art. 133 *in fine*, art. 141, 143.

(5) Loi de 1884, art. 157.

(6) Loi de 1884, art. 145.

(7) Loi de 1884, art. 156

groupes, suivant leur origine : les revenus domaniaux, les subventions, les impôts, les emprunts.

A. — *Revenus domaniaux.*

Le domaine de la commune comprend, comme celui de l'État, le domaine public : rues, places, monuments affectés à des services publics..... et le domaine privé : terres et immeubles affermés, valeurs...., Le premier est avant tout une source de plus en plus abondante de dépenses, du moins si, comme nous le faisons, l'on considère les droits de place, etc..... comme de véritables impôts ; ces taxes ne constituent pas, à notre avis, des revenus au sens propre du mot, puisqu'il dépend de l'autorité municipale de les établir et que le domaine public, après tout, bien moins que son occupation, fournit l'occasion de ces perceptions. Le second, qui constituait jadis la seule ressource des localités, se trouve aujourd'hui considérablement réduit, les spoliations de la période révolutionnaire n'en sont pas la moindre des causes. Si l'on excepte les communes qui possèdent des bois et forêts, les autres ne retirent le plus souvent de ce chef que des ressources minimes.

Certains auteurs font rentrer dans le domaine privé sous la rubrique de domaine industriel : les exploitations, monopoles, etc..... dont les villes ont pris l'initiative vers le milieu de ce siècle ; aucune raison ne s'y oppose, cependant nous avons préféré classer autrement les revenus qu'ils produisent ; ces exploitations, ces services, dont le besoin en fait une nécessité pour les villes quelque peu importantes, sont établis dans l'intérêt général, il est vrai, mais bien rarement aussi sans espoir d'en tirer profit ; beaucoup de municipalités y voient une source féconde de revenus et la taxe de rémunération dégénère souvent en impôt. On nous objectera peut-être que l'avènement de la démocratie au pouvoir marque une tendance à rendre gratuits les services municipaux, à étendre de plus en plus le champ d'action de l'autorité, son domaine, à en faire une Providence en un mot, mais est-ce à dire pour cela que la taxe de rémunération qu'elle perçoit en retour forme simplement un revenu de ce domaine ? bien au contraire, un tarif progressif ou dégressif, suivant le cas, en fait un véritable impôt, nous en voyons déjà l'application : la taxe de rémunération très faible, moindre même que le taux minimum nécessaire à l'amortissement des dépenses pour certaine catégorie d'habitants, est très forte pour d'autres ; c'est une forme déguisée d'impôt sur le revenu ; on peut citer en ce genre le tarif de la distribution d'eau de Grenoble.

Ce caractère s'affirme principalement au cas où l'exploitation a lieu en régie. Néanmoins pour l'unité et en raison du développement croissant du socialisme municipal, comme on l'appelle, nous avons reporté sous la rubrique des impôts (taxes locales de rémunération) ces produits du domaine industriel.

B. — *Subventions.*

La seconde source de revenus consiste dans les subventions. Nous comprenons sous cette rubrique : les dotations
ou attributions sur impôts d'État, sur ressources diverses
pour balancer le passif d'une façon générale, et les subsides ou secours accordés pour alimenter tel service déterminé. Rentrent aussi dans cette catégorie à titre acciden-
tel les dons et legs faits par les particuliers, les sociétés.

Le système des attributions sur impôts d'État a pris en
France une extension plus grande qu'en beaucoup d'autres
pays ; cela s'explique par le nombre et le développement
des services dont l'État, dans les moments difficiles, s'est
déchargé sur les communes. Toutefois il y a une tendance
maintenant à limiter ce mode d'agir, qui coûte quelquefois
plus cher que la gestion directe : dernièrement l'État a
repris à son profit les recettes et une partie seulement des
dépenses de l'instruction primaire (1). Aujourd'hui, les
communes reçoivent encore à titre d'attributions : huit
centièmes du produit des patentes (2), un droit fixe de
dix francs par permis de chasse délivré (3), un vingtième

____

(1) Loi du 19 juillet 1889.
(2) Loi du 15 juillet 1880, art. 36.
(3) Loi du 3 mai 1844, art. 5.

du produit de l'impôt sur les chevaux et voitures (1), un quart de celui de l'impôt sur les vélocipèdes (2).

On préfère maintenant avoir recours aux subventions, le mode, pour être un peu plus nouveau, n'en est pas moins défectueux, il prête tout autant à l'arbitraire et amène dans les finances de l'État, du département et de la commune une obscurité nuisible et dangereuse, car l'État n'est pas le seul à fournir des subventions, il y a aussi le département. L'assistance médicale, organisée par la loi du 15 juillet 1893, repose sur ce système.

C. — Impôts.

Enfin la source la plus importante des revenus communaux, ce sont les impôts et taxes locales. Dans cette catégorie, on peut distinguer : 1º les centimes additionnels, 2º l'impôt direct des prestations, 3º l'impôt indirect des octrois, 4º les taxes locales complémentaires.

§ 1. — Centimes additionnels.

Les centimes additionnels peuvent être considérés

(1) Etablie au taux de 1/10 par la loi du 2 juillet 1862, cette attribution fut supprimée en 1865. Rétablie au même taux par la loi du 16 septembre 1871, elle a été réduite à 1/20 par la loi du 23 juillet 1872.

(2) Loi du 28 avril 1893, art. 15.

comme des impôts, ils en partagent la nature : ce sont des centièmes du principal des contributions imposés aux contribuables en plus du principal. Greffés sur les impôts généraux, ils en empruntent tous les caractères et spécialement l'assiette, les modes et agents de recouvrement, etc.. Encaissé par les trésoriers généraux, leur produit est versé à la caisse communale au fur et à mesure des rentrées, sauf à la commune à payer aux comptables de l'État des frais de perception.

Ce système de revenus a été inauguré par la loi du 10 avril 1791, il était destiné dans la pensée des membres de la Constituante à remplacer les octrois supprimés : ceux-ci ont été rétablis, sans que celui-là disparaisse.

Les centimes additionnels dont disposent aujourd'hui les municipalités comprennent :

1° Cinq centimes sur les contributions foncière et personnelle-mobilière. C'est le maximum auquel a été fixée cette imposition par la loi du 15 mai 1818. Sans affectation spéciale, elle est destinée à couvrir les dépenses générales ; elle n'est pas obligatoire et la commune peut y renoncer.

2° Cinq centimes pour subvenir aux dépenses des chemins vicinaux. (Loi du 21 mai 1836). Imposable seulement en cas d'insuffisance des ressources, cette contribution est facultative et peut être remplacée par les prestations en nature et se cumule avec elles au besoin. Toutefois, en cas de nécessité, le préfet peut mettre le conseil municipal en demeure de l'établir et sur son refus l'imposer d'office (1).

3° Centimes en nombre indéterminé pour pourvoir au traitement des gardes champêtres (2).

4° Trois centimes pour accorder des secours aux familles nécessiteuses des soldats de la réserve et de l'armée territoriale retenus sous les drapeaux (3).

5° Trois centimes pour l'entretien des chemins vicinaux ordinaires (4).

6° Trois centimes pour l'entretien des chemins ruraux reconnus (5).

7° Cinq centimes pour parer aux dépenses des syndicats de communes (6).

8° Centimes en nombre illimité pour l'assistance médicale gratuite.

C'est avec les taxes d'octroi et les subventions départementales le moyen que la loi du 15 juillet 1893 (art. 27) donne à la commune pour faire face aux frais de ce service.

9° Centimes pour frais de perception (7). Il suffit de les citer pour mémoire parmi les recettes, car leur produit figure parmi les dépenses ; le percepteur, qui les encaisse

(1) Loi du 21 mai 1836, art. 5.
(2) Loi du 31 juillet 1867, art. 16.
(3) Loi du 21 décembre 1882, art. 1.
(4) Loi du 24 juillet 1867, art. 3 et loi de 1884, art. 141 2°.
(5) Loi du 20 avril 1881, art. 10 et loi de 1884, art. 141 2°.
(6) Loi du 5 avril 1884, art. 177.
(7) Loi du 20 juillet 1837, art. 5.

au nom de la commune, les retient. Il faut remarquer ici cette particularité qu'ils sont calculés au taux de 3 % d'une manière fixe sur le montant des centimes additionnels communaux. On peut critiquer cette base de calcul au moins pour sa fixité, car si le taux de 3 % ne paraît pas trop élevé dans les cas où la valeur et le nombre des centimes sont insignifiants, en revanche, on nous accordera que dans les grandes villes où le centime vaut de 10.000 à 40.000 francs, où le nombre de ces centimes varie de 20 à 50 et plus, le taux fixe de 3 % est certainement exagéré (1). Pourquoi d'ailleurs l'État n'applique-t-il pas, pour la perception des centimes communaux, le tarif décroissant fixé pour le recouvrement du principal? (2). Le principe *accessorium sequitur principale*, vrai en matière juridique, devrait l'être en science financière.

La loi du 13 avril 1898, en modifiant quelque peu le régime actuel, ne fait que nous fournir un argument de plus : l'anomalie que nous signalions profitait jusqu'ici aux percepteurs; à partir du 1ᵉʳ janvier 1899, l'État s'attribue ces frais de perception et se charge du traitement complet de ces fonctionnaires : nous ne voudrions pas lui prêter l'intention de réaliser des bénéfices sur le traitement de ses agents, cependant c'est le motif qui a été

(1) A Lille, en 1898, le centime est de 32.000 francs ; il y en a de 30 à 35.

(2) Dans les départements, le tarif est de : 2 francs 0 % sur les premiers 20.000 francs. — 1.50 % sur les 280.000 francs suivants. — 0.50 % de 300.001 francs à 600.000 francs. — 0.10 % de 600.001 francs à 900.000 francs. — 0.05 % au dessus de 900.000 francs.

invoqué lors de la discussion du budget (1) et d'ailleurs quel peut être le but d'une réforme fiscale en ce temps de besoins financiers croissants ? Après 1899 comme avant, les communes contribueront aux émoluments des percepteurs.

10° Centimes pour insuffisance de revenus. Ils ont été mentionnés pour la première fois sous ce nom, dans la loi de 1884 qui reconnaît expressément la catégorie distincte qu'ils formaient depuis longtemps. La loi de 1837 ne distinguait pour l'autorisation administrative que ceux de ces centimes qui correspondaient à des dépenses obligatoires ou à des dépenses facultatives; la loi de 1867 sépare en outre les dépenses ordinaires des dépenses extraordinaires ; la loi de 1884 reproduit cette dernière distinction seulement.

11° Centimes extraordinaires. La loi établit pour ceux-ci une réglementation stricte ; ils ne peuvent être imposés qu'après épuisement des centimes spéciaux dont nous avons donné l'énumération (2° à 9°) et pour des dépenses extraordinaires.

L'autorité qui les autorise, change suivant leur taux et leur durée (2).

(1) *Journal Officiel* du 11 février 1898, p. 580. M. Plichon : « Je me permets d'attirer l'attention de M. le Ministre des finances sur les économies sensibles qu'on pourrait réaliser dans notre système de perception sur les remises faites aux percepteurs. »

(2) Au dessous de 5 centimes et pour moins de 5 ans, c'est le conseil municipal ; au dessous du maximum fixé par le conseil général et pour moins de 30 ans, c'est le préfet ; pour dépasser le maximum, il faut un décret et l'intervention du Conseil d'État si l'imposition est établie pour plus de 30 ans.

12° Centimes pour imposition d'office. Dans le cas où les ressources manquent et où le conseil municipal refuse de voter l'imposition nécessaire, un décret ou une loi peut, pour faire face à des dépenses obligatoires ou à des dettes exigibles, établir une imposition d'office de dix centimes au maximum, de vingt centimes même, au cas de condamnation judiciaire. La limite fixée par le Conseil général n'influe pas ici.

Nous devons faire observer que tous les centimes additionnels communaux, à l'exception des cinq centimes portés au 1°, pèsent sur les quatre contributions directes et qu'ils ne peuvent être établis que dans l'hypothèse d'insuffisance de ressources.

Si nous nous sommes attardé quelque peu sur cette matière des centimes additionnels, c'est en raison du rôle si important qu'ils jouent dans les budgets locaux ; ils figurent en effet dans les recettes ordinaires pour une proportion de 32 °/₀.

Cette extension ne doit pas nous surprendre si nous considérons les avantages que présente pour la commune ce mode de taxation : il est économique : l'assiette et le recouvrement en sont faits par les agents de l'État, payés spécialement il est vrai, mais qui, à la connaissance des éléments des impôts généraux joignent ordinairement une grande pratique de l'administration financière ; il est facile : un vote du conseil municipal approuvé par l'autorité compétente suffit à augmenter les recettes; il est sûr : la valeur du centime connue d'avance permet de déterminer exactement ou approximativement au moins (1) le produit d'une imposition déterminée ; il paraît moins lourd : l'augmentation est comme noyée dans le total de la feuille d'impôt, le contribuable ne la distingue pas.

Toutefois il faut se garder d'exagération : s'il est commode de recourir aux centimes additionnels, ceux-ci peuvent présenter de sérieux et graves inconvénients ; greffés sur les impôts généraux, ils en accentuent les traits bons et mauvais, ils en augmentent les vices, l'assiette défectueuse, au point que, ajoutés à un impôt unique, ils le rendraient facilement intolérable. Aussi est-il nécessaire d'établir, comme l'a fait la loi prussienne, une proportion bien gardée entre chacun d'eux comme entre le montant des ressources demandées aux centimes additionnels et le chiffre des autres taxes.

Nous en avons terminé avec les centimes additionnels, passons aux autres ressources.

§ 2. — Prestations.

La prestation est également un impôt direct ; si nous l'avons distinguée des centimes, c'est en raison de son caractère exclusivement communal et indépendant des impôts généraux. Votées par le conseil municipal en cas d'insuffisance de ressources pour l'entretien des chemins vicinaux, les prestations offrent ce caractère spécial de

(1) Exactement pour les impôts de réparation, approximativement pour les impôts de quotité.

pouvoir être acquittées en nature ou en argent, au gré du
contribuable, d'après un tarif fixé par le conseil général.
Cet impôt ressemble beaucoup à la corvée de l'ancien
régime et plusieurs fois déjà on a proposé de le remplacer,
ou au moins de supprimer la faculté accordée de l'acquitter en nature, en lui substituant des centimes départe-
mentaux obligatoires (1).

§ 3. — Octrois.

Les octrois existaient déjà sous l'ancien régime (2) ; ce
sont même les premières taxes qui ont été établies,
comme leur nom l'indique, avec l'autorisation du seigneur,
mais ils avaient alors plutôt le caractère de droits d'entrée
affectés à l'entretien des routes. Le fisc profite de ce droit
de concession qui lui a été primitivement reconnu pour
faire payer ces autorisations, imposer même à son profit
un prélèvement sur le produit de ces taxes ; au xviie siècle
il perçoit jusqu'à 50 %. Lors de la Révolution, cet impôt
est tellement impopulaire qu'on en demande l'abolition ;
supprimés et rétablis tour à tour, supprimés une dernière
fois au moins nominalement, après la Révolution de 1848,
ils sont réorganisés par le décret-loi du 17 mars 1852.

(1) Une consultation des conseils généraux en mai 1898 a fait connaître l'avis de 80 d'entre eux sur ce point : 12 sont pour la suppression, 27 demandent la réforme, 41 veulent le statu quo.

(2) L'institution des octrois remonte au xiiie siècle : en 1210, des
lettres accordent à la ville de Bourges la levée d'un droit sur les
entrées des marchandises pour paver les rues et améliorer les chemins.

Depuis ils ont encore été modifiés par les lois des 24 juillet 1867-10 août 1871 et 5 avril 1884. Celle-ci notamment fixe un système nouveau de compétence en matière d'établissement des octrois. Aujourd'hui l'octroi est un impôt indirect à la consommation, c'est-à-dire perçu à l'utilisation de certaines marchandises sur le territoire : matériaux, denrées, etc.... il a perdu son caractère de droit d'entrée.

L'octroi est devenu pour les communes l'une des principales sources de revenus ; on peut, pour s'en convaincre, citer quelques chiffres : il y a en France 1.514 localités pourvues d'un octroi, elles perçoivent de ce chef près de 300 millions, Paris seul y figure pour près de la moitié. La statistique de 1891 accuse comme proportion moyenne de l'octroi dans les ressources des villes de France (Paris compris), le chiffre considérable de 46 0/0. Il est vrai que, plus que tout autre, l'octroi offre une productivité facile, progressive, le champ de taxation en est de plus en plus grand, son rendement s'accroît avec le développement de la richesse. Les taxes additionnelles et surtaxes, qui accompagnent le principal, sont bien faites pour contribuer à ce succès.

Toutefois l'octroi a de graves inconvénients, « il est une gêne à la circulation, au commerce ; il est coûteux à percevoir ; il affecte souvent un caractère protecteur ; surtout il est improportionnel, se basant, non sur les moyens, mais sur les besoins des contribuables. Voilà le grief principal qu'on lui adresse, la cause de la « Question des

Octrois » moderne (1). Nous n'entreprendrons pas ici d'en

(1) La question de la suppression des octrois a pris dans ces dernières années un caractère nouveau, elle est entrée dans une période d'action, semble-t-il : la loi du 29 décembre 1897 a autorisé la suppression totale des droits d'octroi sur les boissons hygiéniques et imposé au moins le dégrèvement en cette matière à partir du 1er janvier 1899 et dans le délai de 2 ans ; la loi du 9 mars 1898 a précipité encore les choses en autorisant l'application immédiate de la loi de 1897 et le dégrèvement anticipé.

En même temps qu'elle prive ainsi les communes d'une grande part de leurs ressources, la loi de 1897 a pris soin de leur accorder en retour certaines taxes : élévation du droit sur l'alcool, licence municipale, taxe sur les chevaux, billards, etc..... (art. 4). Les pouvoirs même qu'elle reconnaît aux municipalités sont très étendus : « Les communes pourront également pourvoir au remplacement de leurs taxes d'octroi en établissant, sous réserve de l'approbation législative, des taxes directes ou indirectes. Les taxes directes ne seront prélevées que sur les propriétés ou objets situés dans la commune; elles s'appliqueront à toutes les propriétés et à tous les objets de même nature ; elles seront proportionnelles. » (Art. 5.)

Mais cette réforme est tout à fait incomplète, même en ce qui concerne seulement les boissons hygiéniques, car le dégrèvement restera insensible, pour ne pas dire nul, tant que l'Etat ne supprimera pas (selon sa promesse) les droits perçus à son profit sur ces boissons. De plus, cette réforme ne résout nullement la question, car la difficulté consiste surtout dans le choix des taxes de remplacement et, sur ce point, nous ne pouvons signaler aucun progrès ; les rapports présentés au Conseil municipal de Lyon, en 1887 et 1895, ont apprécié les diverses taxes possibles, la municipalité parisienne a ouvert l'an dernier un concours pour le meilleur projet de taxes de remplacement, la Société d'économie politique de Paris a discuté encore la question cette année, mais l'accord ne s'annonce pas, loin de là. Un seul moyen semble admissible : que l'Etat vienne au secours des localités en leur abandonnant une part des impôts, comme en Angleterre et en Belgique. Comme le dit M. P. Leroy-Beaulieu (*Economiste Français,* du 2 avril 1898, p. 429) : « C'est une des misères de notre temps,

retracer l'histoire détaillée, moins encore d'exposer les arguments de l'une et l'autre école et surtout de prendre un parti, nous sortirions en cela du plan que nous nous sommes tracé. Mais nous devons signaler un fait qui ressortira mieux encore à la fin de ce chapitre à propos de la législation comparée : en présence du grand mouvement qui se produit en France pour la suppression des octrois, des difficultés que ses partisans les plus convaincus éprouvent à les remplacer par un système acceptable, il est instructif et intéressant de jeter un coup d'œil à l'étranger : en 1860 la Belgique a aboli l'octroi municipal et lui a substitué des subventions prélevées sur un fonds commun ; en 1889 elle a dû alimenter à nouveau ce fonds. De nos jours, la Prusse invite de plus en plus les communes à établir des taxes indirectes à la consommation, des octrois. Nous verrons quelle conclusion on peut en tirer.

§ 4. — Taxes locales complémentaires.

Elles sont nombreuses et consistent principalement en rétributions pour prix de services rendus. Comme en Allemagne (d'où vient la distinction), elles prennent la forme ou de taxes de rémunération calculées pour couvrir

effet de la tendance au gaspillage de toutes les administrations, que l'on ne peut effectuer de réformes fiscales, aujourd'hui, que par voie de substitution d'impôts nouveaux très critiquables à des impôts anciens auxquels on était habitué. »

toutes les dépenses occasionnées par l'établissement d'un
service déterminé ou de contributions particulières destinées à acquitter une partie seulement des frais de travaux
et aménagements dont profitent surtout certains contribuables. En somme les premières sont indirectes et perçues à l'occasion de services rendus, les secondes sont
directes et correspondent à la part d'utilité que retirent des
dépenses certains habitants seulement.

Il faut ajouter les entreprises industrielles exploitées
par les villes (la France est un des pays européens où ce
mouvement s'est le plus développé) et la participation aux
bénéfices réalisés par les Compagnies concessionnaires de
monopoles.

Enfin si l'on récapitule les différentes catégories de ressources ordinaires des communes pour faire ressortir la
part proportionnelle que chacune apporte au budget communal, on arrive au tableau suivant emprunté à la statistique financière de 1891 :

	PARIS COMPRIS % sur un total de 633.400.000 fr.	PARIS NON COMPRIS % sur un total de 440.000.000 fr.
Centimes ordin^{res} et extraord^{res}.	27	32
Attributions :	1	1
Octrois (ordin^{res} et extraord^{res}).	46	34
Prestations.	10	13
Taxes spéciales :	16	20
	100	100

D. — *Emprunts.*

L'emprunt est une ressource extraordinaire, dont l'emploi se justifie surtout par la nécessité de trouver rapidement un capital considérable pour fonder une grande entreprise. Le passif des communes est en France très élevé ; il a grossi de moitié en 25 ans, de 1868 à 1893 ; ce développement considérable est dû à plusieurs causes : l'extension prise par le crédit public et les moyens de l'utiliser, les facilités offertes par l'État aux municipalités pour y recourir en vue de constructions d'écoles, amélioration de la voirie, etc... Dans les villes, le mouvement est encore plus accusé en raison des dépenses croissantes occasionnées par les services municipaux, de l'extension de ces services amenée à la fois par la concentration de la population et l'augmentation du bien-être et des besoins. Ajoutez à cela l'illusion que donne l'emprunt sur l'étendue de charges dont le poids est reporté sur l'avenir. Toutes ces raisons contribuent à accroître les dépenses locales, en même temps que d'un autre côté l'État diminue peu à peu l'intérêt qu'il servait pour les fonds libres confiés au Trésor par les localités. Si les communes ont bénéficié pour leurs nouveaux emprunts de la baisse du taux de l'intérêt, si elles ont opéré une conversion, la durée de l'amortissement se fait aussi de plus en plus longue. De nos jours plus que jamais, la surveillance de l'État sur les conditions auxquelles les communes acceptent le crédit, devient nécessaire.

II. — Dépenses.

La commune française est à la fois une autorité publique, jouissant de certains droits vis-à-vis des citoyens, soumise à certaines obligations à l'égard de l'État, et une personne morale possédant un patrimoine. Toutefois il faut observer qu'elle est soumise à une véritable tutelle au profit de l'État; mineure, elle n'a pas la libre disposition de ses biens, elle doit être habilitée par l'autorisation administrative. L'État se décharge souvent sur elle de services qui l'intéressent, mais tandis qu'en Angleterre avec la gestion, le gouvernement cède le pouvoir d'administrer librement, en France il conserve pour lui ce pouvoir. La commune est soumise à des dépenses obligatoires, les principales qui lui incombent, en dehors des frais d'administration, peuvent se ranger sous quatre chefs : la police, la voirie, l'assistance publique, l'instruction publique.

§. 1. — Police.

En France, les frais de la police locale sont à la charge de la commune; les villes doivent, outre le traitement, certaines indemnités, les agents sont à la nomination du

Maire, le Préfet seul les révoque ; dans les campagnes la fonction comme le traitement de garde champêtre sont facultatifs.

§ 2. — Voirie.

A l'origine la voirie était une charge exclusivement communale, les habitants entretenaient eux-mêmes les chemins ; plus tard on établit des taxes : ce sont les premiers octrois. Aujourd'hui, à raison des développements qu'a pris le réseau des voies de communication, l'État doit intervenir pour une forte part. Les dépenses de la vicinalité notamment sont obligatoires, il y participe au moyen de subventions, le département y contribue. Quant à la voirie urbaine, elle rentre parmi les dépenses facultatives des villes ; elles en assument la charge, la responsabilité, mais elles en ont la direction. Elles perçoivent, il est vrai, à cette occasion, certains droits de voirie, taxe de trottoirs, etc.... on pourrait en augmenter le nombre sous forme de taxe de rémunération. En cette matière l'intérêt général est étroitement uni à l'intérêt privé : en même temps que la vicinalité multiplie les routes, facilite le commerce, met en valeur les grandes propriétés, la voirie transforme les villes suivant les besoins croissants de la population toujours plus concentrée, elle augmente la valeur immobilière. En un mot c'est aujourd'hui un élément de la vie économique, un intérêt de premier ordre.

§ 3. — Assistance publique.

La France est à ce point de vue dans un état d'infériorité vis-à-vis des autres pays ; la Belgique, l'Italie, la Prusse présentent une organisation plus achevée. La loi du 19 mars 1793 avait proclamé le droit du pauvre à être assisté et fondé la charité légale ; elle a été abrogée ; auparavant ce soin relevait du culte, des associations ecclésiastiques, l'État le leur a retiré, force lui a été d'y pourvoir directement, c'est la raison pour laquelle les communes s'en désintéressent. En Angleterre, au contraire, créée dans un but de protection contre le vagabondage et les soulèvements provoqués par la misère, l'assistance s'est développée de bonne heure, comme la police, à la charge des communes. Il faut signaler en France cependant un mouvement en ce sens de nos jours : il existait jusqu'ici, outre un certain nombre d'établissements hospitaliers, deux services : celui des enfants assisté, à la charge de l'État pour la plus grande partie (1), les communes ne fournissent qu'un contingent, et celui des aliénés à la charge du département (2), les communes n'interviennent que dans les frais de transport et de traitement.

La loi du 15 juillet 1893 a généralisé l'assistance médicale gratuite : les communes participent obligatoirement aux dépenses ordinaires de ce service dans la mesure

(1) Loi du 5 mai 1869, art. 5.
(2) Loi du 30 juin 1838, art. 26, 28.

posée par le conseil général, elles peuvent pour y faire face établir des centimes additionnels ou des taxes d'octroi dans une proportion déterminée.

Plus récemment la loi de finances du 29 mars 1897 (art. 43) a créé l'assistance à domicile des vieillards, infirmes et incurables. Elle a imposé à l'État l'obligation de contribuer au paiement des pensions que leur consentiraient « les départements ou les communes d'accord avec les conseils généraux »; cette contribution varie suivant les barèmes de la loi de 1893 sur l'assistance médicale et n'est accordée que pour une pension annuelle de 90 francs au mininum et de 200 francs au maximum. Une circulation du Ministre de l'Intérieur a réglé les détails d'application.

Toutefois cette institution n'a pas répondu jusqu'ici au vœu de ses promoteurs et à l'occasion de la discussion du budget de 1898, des réformes ont été demandées (1). L'on a proposé de se rallier aux conclusions adoptées par le Conseil supérieur de l'Assistance publique et basées sur les principes suivants : l'assistance doit être obligatoire, elle doit peser principalement sur la commune et ne pas former un service départemental comme actuellement, enfin il faut laisser aux communes plus de liberté, remettre aux bureaux d'assistance le droit d'admission réservé aujourd'hui à la Commission départementale ou au préfet.

Le principe de la répartition reste le même ; si l'on se

(1) *Journal officiel* du 9 novembre 1897, p. 2352.

reporte à la loi de 1893 qui le renferme, on observe
d'abord que les communes doivent, pour obtenir la subvention, avoir acquitté les dépenses de ce service au
moyen de centimes additionnels ou de taxes d'octroi spéciales, ensuite que cette subvention est proportionnelle à
la valeur du centime ; en résumé, la participation de l'État
et du département varie suivant la richesse locale : on
trouve là une application déguisée du principe que les départements et communes riches doivent subvenir aux besoins des départements et communes pauvres, du principe de la contribution proportionnelle, de l'égalisation
des situations (1).

(1) Cette institution de l'assistance des vieillards, infirmes et incurables existait déjà lorsque le législateur s'est occupé de la réglementer
et la loi de 1897 n'a pu que tendre à la généraliser et à la rendre
uniforme. Le département du Nord, le premier, en 1892, avait organisé ces pensions auxquelles concouraient le département et la
commune, mais sur des bases quelque peu différentes de celles que
nous venons de voir : la pension s'élevait au chiffre unique de 120 francs
sur lequel le département allouait 70 francs, l'excédent de 50 francs
restait uniformément à la charge des communes ayant moins de
8.000 habitants et un revenu charitable inférieur à 4 francs par tête
d'habitant : seules d'ailleurs elles pouvaient prétendre à y participer.
Le nombre de ces pensions était limité ; la Commission départementale les répartissait, et, sur la proposition des commissions cantonales,
en désignait les titulaires.

Aujourd'hui, le Conseil général du Nord proteste contre l'ingérence
de l'Etat et refuse d'appliquer l'organisation légale à raison des
inconvénients nombreux qui l'accompagneraient : d'abord pour obtenir
la subvention de l'État, le département devrait s'imposer des centimes additionnels inutiles jusqu'ici et qui pèseraient sur les grandes
villes sans réelle compensation pour elles, de plus la subvention de
l'Etat serait minime, enfin le département perdrait la libre disposi-

Si la loi de 1793 demeure abrogée, si le droit du pauvre à l'assistance n'est pas reconnu législativement, nous pouvons constater une tendance à ce qu'il en soit autrement, cette obligation a été rappelée à la Chambre et, comme en Angleterre, nous arriverons probablement en France à l'assistance légale obligatoire.

D'autre part, l'origine de l'assistance publique en France reste toujours marquée dans son organisation ; les communes paraissent s'en désintéresser comme par le passé, elles montrent une tendance continue à confier ce service a des établissements particuliers.

§ 4. — Instruction.

Il faut distinguer l'instruction primaire, l'enseignement secondaire et supérieur. La première seule est obligatoire : les communes y pourvoyaient jusqu'en 1889 au moyen de centimes additionnels spéciaux. L'État les a supprimés et a pris à sa charge le traitement du personnel ; il reste pour les communes les dépenses de matériel, d'entretien, etc. Le département n'intervient guère que dans les dépenses d'écoles normales (1). L'enseignement supérieur

tion de ces pensions par suite de l'intervention du Ministère de l'Intérieur, du contrôle nécessaire du pouvoir central sur ce service.
(Voir *Séances du Conseil général. Session d'août 1897. Rapport du Préfet*, p. 286.).
(1) Organisation établie par les lois des 30 octobre 1886, 19 juillet 1889, et 25 juillet 1893.

est à la charge de l'État, sauf certaines dépenses couvertes
par les villes : local et mobilier de l'académie. Pour l'enseignement secondaire, il faut distinguer : les lycées sont
fondés et entretenus par l'État avec le concours des
villes, les collèges sont fondés et entretenus par les communes et peuvent être subventionnés par l'État (1). La
construction et l'entretien incombent à la commune.

Comme on peut en juger, l'instruction publique pèse
encore lourdement sur les localités malgré l'intervention
de l'État qui a su se réserver la petite part. Les constructions scolaires se sont multipliées sous l'impulsion du gouvernement, qui tentait les communes par des facilités
d'emprunt, et il ne faut pas s'étonner de voir beaucoup de
budgets locaux grevés par ce motif de charges excessives
et pour un long avenir.

Nous connaissons maintenant les ressources dont disposent les communes, les dépenses ordinaires obligatoires
auxquelles elles doivent faire face. Nous allons essayer de
classer tous ces éléments dans un ordre logique et de
déterminer la place qu'ils doivent occuper dans le budget
municipal.

III. — Théorie du budget.

Certains auteurs, à la suite d'une comparaison entre la

______

(1) Loi du 15 mars 1850. Le décret du 28 juillet 1881 étend ces
dispositions aux collèges de filles.

commune et le particulier, ou plus exactement entre la gestion du patrimoine de l'un et de l'autre, concluent à cette différence que le particulier, à défaut de revenus suffisants, consomme ses capitaux, et, ceux-ci épuisés, doit recourir à l'emprunt, tandis que la commune peut toujours réserver son capital puisque, comme autorité publique, si les ressources font défaut, il lui suffit d'augmenter les impôts ; en un mot, ils déduisent de là que le particulier règle ses dépenses d'après ses ressources, que la commune règle ses recettes sur ses dépenses.

« Toute comparaison cloche », dit le proverbe : sans prétendre à une assimilation entre les deux termes de la précédente, nous n'aurons pas de peine à prouver au moins ce que cette conclusion a d'excessif. Nous avons pour cela le raisonnement et les faits. Parmi les dépenses de la commune, il en est d'essentielles à sa vie, au maintien de son organisation : frais d'administration, traitements, entretien, etc..., et cependant si les recettes sont insuffisantes, si la population est pauvre au point de ne pouvoir acquitter aucune nouvelle taxe, comment augmenter les ressources? Si exagéré que paraisse ce tableau, il ne sort pas de la réalité cependant, c'est le cas de l'Isle-Molène, commune indigente du Finistère; son budget se solde en 1895 par un déficit de 600 francs comblé par une allocation charitable du Conseil général (1). Est-il moins

(1) Le total des dépenses est de 780 francs. Cité par M. Paul Dubois, *Essai sur les finances communales.*

nécessaire de sortir de la réalité pour voir l'hypothèse inverse de localités, naguère encore riches et aujourd'hui aux abois pour trouver une taxe (après tant d'autres) qui leur permette d'équilibrer leur budget? Il suffit d'ailleurs d'écouter le cri d'alarme jeté par les économistes, d'observer le mouvement toujours croissant des dépenses communales constaté par la statistique financière annuelle. L'administration elle-même a jugé de son devoir d'intervenir, les préfets après le ministre, signalent le mal : « Les instructions du ministère de l'intérieur ont rappelé à maintes reprises aux municipalités ce principe fondamental en matière d'administration communale, à savoir : qu'aucune dépense, de quelque nature qu'elle soit, ne doit être faite qu'après qu'il a été pourvu aux moyens financiers d'en assurer l'acquittement (circulaires du ministère de l'intérieur des 1er octobre 1868, 12 août 1875, 22 mars 1883, 20 octobre 1885, 20 juillet 1888). Cette règle est encore fréquemment méconnue et le ministre vient d'en rappeler la rigoureuse application (1) ».

Il est par conséquent inexact de dire que la commune peut toujours régler ses recettes sur ses dépenses ; si l'impôt donne à ses ressources une certaine élasticité, elle n'en est pas moins tenue à une grande réserve dans l'emploi qu'elle en peut faire et il y a des limites qu'elle ne saurait impunément dépasser.

Les revenus domaniaux et subventions doivent figurer

______

(1) Circulaire du Ministère de l'Intérieur en date du 16 mai 1892.

en première ligne pour l'acquittement des dépenses. Sous le nom générique de subventions, nous comprenons, comme on l'a vu, les dotations ou attributions sur impôts d'État, les subsides ou secours affectés à un service, les dons et legs à quelque titre qu'ils soient faits.

Les impôts viennent ensuite : nous avons distingué les impôts directs, les impôts indirects et les taxes complémentaires. Y a-t-il pour le choix entre eux un ordre, des raisons de préférence ? Il est impossible de répondre a priori, nous essaierons seulement d'indiquer les motifs qui dans certains cas peuvent militer en faveur de l'un ou l'autre de ces moyens. Il faut avant tout considérer la matière imposable et les prélèvements auxquels elle est soumise déjà : existe-t-il, comme en Angleterre, au profit de l'État, des impôts indirects seulement ? la commune, pour répartir équitablement les charges, aura recours principalement aux impôts directs, aux contributions particulières ; au contraire, si, comme en Prusse, l'Etat perçoit un impôt global sur le revenu, la commune s'alimentera au moyen de centimes additionnels. Toutefois, il ne faut pas être absolu, et les tendances observées dans les deux pays que nous avons pris pour exemples, nous en offrent la preuve.

Il est peut-être à propos ici de rappeler succinctement la discussion qui a passionné deux écoles allemandes vers le milieu de ce siècle, de 1860 à 1880 : les libre-échangistes (1), à la suite de Faucher, ne voient dans la com-

(1) K. Braun, Wolff, Meyer, etc.

mune qu'une « coopération d'ordre économique, organisée en vue des besoins communs », dans laquelle les taxes doivent être basées sur « la seule règle équitable du service rendu et payé » ; leurs idées ont été développées aux Congrès d'économie politique en 1864 à Hanovre, en 1865 à Nuremberg, en 1867 à Hambourg. Au contraire, les socialistes de la chaire (1), Neumann et Wagner en tête, considèrent la commune comme « une autorité publique du même genre que l'Etat, répartissant les frais des services en proportion des facultés de chacun » ; ils admettent toutefois que la commune est « en même temps un groupement économique » et que le principe de la taxation locale ne doit pas être absolu. La conclusion est alors celle-ci : « aux dépenses générales correspondra l'impôt d'après le pouvoir contributif ; aux dépenses spéciales, la taxation fondée sur l'échange de services. » C'est ce dernier système qui a triomphé au Congrès de Science sociale à Eisenach en 1875, à Berlin en 1877 ; c'est celui aussi qui a servi de base au système fiscal établi en Prusse (2).

Nous n'entreprendrons pas de faire ici la critique de ces théories ; M. Dubois, à qui nous avons emprunté l'exposé, s'en est chargé incidemment dans un livre plein d'intérêt et très instructif par les nombreux documents sur lesquels il s'appuie, nous nous contenterons de lui em-

(1) Hoffmann, Bruch, von Reitzenstein, etc.
(2) Loi du 14 juillet 1893.

prunter les conclusions qu'il en déduit : « Ainsi, il est nécessaire d'associer dans les finances communales les deux principes de l'imposition d'après les facultés et de la taxation d'après l'intérêt. Il faut, pour obtenir une juste répartition des charges locales, assembler au budget de la commune des impôts proprement dits, des contributions particulières et des rétributions spéciales. Dans quelle mesure devra maintenant s'opérer cette combinaison pour être équitable ? Elle s'opérera automatiquement, par une spécialisation rigoureuse de la comptabilité et du budget des communes. La raison d'être de la recette, c'est la dépense, c'est donc au montant et à la nature de la dépense qu'il faut s'en rapporter pour fixer la nature et le montant des ressources à y appliquer..... En matière communale..... les services d'ordre public cèdent, en importance, aux services d'intérêt privé, et le budget représente plutôt la comptabilité des dépenses utilitaires d'une réunion d'habitants syndiqués, que celle des dépenses administratives d'une véritable autorité publique. » Comme on le voit, la prépondérance dans le système fiscal doit appartenir aux taxes plutôt qu'aux impôts. M. Dubois ajoute : « Les services d'intérêt privé ou dépenses spéciales devront se couvrir en principe au moyen des rétributions correspondantes ; les frais de la voirie seront atténués dans une proportion à déterminer par les contributions particulières ; enfin le restant de la dépense, représenté par les services publics ou les dépenses générales, fera l'objet des impôts proprement dits. »

Nous nous sommes occupé de classer les ressources d'après leur emploi, nous avons déterminé leur nature au point de vue du mode d'imposition, ou, plus simplement, si l'on veut, leur base d'imposition, voyons maintenant comment elles s'adaptent à la division en budget ordinaire et budget extraordinaire que la loi de 1884 a substituée à celle de revenus ordinaires et de ressources extraordinaires de la loi de 1837.

Cette division est loin d'offrir toute la clarté qu'elle affecte au premier abord, l'article 133 ne définit pas les recettes du budget ordinaire et l'énumération qu'il en donne ne saurait être limitative ; l'article 134 procède de même. Toutefois l'article 135 est plus explicite à propos des dépenses (1) ; la corrélation entre recettes et dépenses nous permet de définir, comme l'a fait M. Rey (2), les recettes du budget ordinaire : ressources annuelles et permanentes, les recettes du budget extraordinaire : ressources accidentelles et temporaires. Ce sont leurs caractères essentiels.

Si maintenant nous considérons les ressources que nous avons énumérées, nous voyons que pour certaines d'entre elles la question est résolue : l'arrêté du 4 thermidor

---

(1) Loi de 1884. — Art. 135. Les dépenses du budget ordinaire comprennent les dépenses annuelles et permanentes d'utilité communale.

Les dépenses du budget extraordinaire comprennent les dépenses accidentelles ou temporaires.

(2) M. Rey. *Théorie du budget communal.*

an X (1) range toutes les taxes à l'ordinaire, la loi du
16 mai 1881 met sur le même pied les attributions légales
que nous avons mentionnées sous le nom de dotations.
Il reste donc à mettre à leur place les produits du domaine,
les subsides et libéralités, enfin les impôts proprement dits :
centimes addidionnels et octrois.

La classification fondée sur les caractères essentiels des
ressources paraît assez logique : au budget ordinaire rentrent les revenus : recettes permanentes, et les ressources
qui y suppléent : recettes annuelles ; au budget extraordinaire, les ressources accidentelles, capitaux et les ressources qui suppléent à leur insuffisance : recettes temporaires, annuités.

Dès lors, parmi les produits du domaine, nous rangerons
à l'ordinaire : les loyers, rentes, coupes ordinaires de
bois, etc... à l'extraordinaire : le prix d'aliénations, de
coupes extraordinaires de bois, le produit des emprunts, etc...

Toutefois, cette distinction ne sera pas absolue : elle
souffre certaines restrictions sur lesquelles nous reviendrons.

Parmi les subventions, les dotations ou attributions légales appartiennent à l'ordinaire, en vertu de la loi (2) ;
les subsides ayant pour but de compléter des ressources

----

(1) Arrêté du 4 thermidor an X, art. 7 : Les conseils municipaux
indiqueront les moyens d'accroître les revenus ordinaires de la commune : 1º par la location des places..., 3º par des octrois..., etc...
(2) Loi du 16 mai 1881.

insuffisantes pour un service déterminé : chemins, écoles,
etc.... prennent le caractère de celles-ci, enfin les dons et
legs des particuliers se rangent à l'extraordinaire.

Toutefois, ils peuvent donner lieu à une double inscription : dans le cas, par exemple, d'une fondation, le capital
figure à l'extraordinaire, les revenus non affectés, ou affectés perpétuellement, à l'ordinaire ; s'ils reçoivent une
affecttaion temporaire, ils deviennent annuités et passent à
l'extraordinaire (1).

Enfin, nous arrivons aux impôts. Parmi les centimes,
on distingue quatre catégories :

1° Les cinq centimes alloués d'office chaque année,
quel que soit l'état des finances locales ; ils peuvent être
rangés à l'ordinaire ; leur origine, d'ailleurs, leur confère
ce caractère ; ils ont été établis pour remplacer les revenus que la Révolution avaient enlevés aux communes.

2° Centimes spéciaux affectés à différents services ; il
est assez difficile de les caractériser ; originairement affectés tous à des dépenses obligatoires, certains d'entre eux
correspondent aujourd'hui à des dépenses facultatives pri-
vilégiées. Autorisés d'avance et dans certaines limites, ces
centimes ne sont pas permanents, ils exigent le vote du
conseil municipal et l'insuffisance de revenus. Le modèle
ministériel de 1838 les range parmi les extraordinaires.

______

(1) On peut citer comme exemple le prélèvement sur les revenus
d'un legs sans affectation, pour pourvoir au service d'un emprunt ; le
cas s'est présenté à Bordeaux en 1896.

M. Morgand ne se prononce pas nettement; d'autre part, la loi de 1884 (1) les place au budget ordinaire, le Conseil d'État (2) ne les sépare pas des recettes ordinaires, ils sont annuels.

Rien n'a changé la nature de centimes extraordinaires et annuels qu'ils avaient à l'origine et si on les inscrit à l'ordinaire aujourd'hui, c'est « par raison de comptabilité » comme le dit M. Morgand.

3° Centimes pour insuffisance de revenus, nous les qualifierons de généraux pour les distinguer des précédents, suppléant également à l'insuffisance des revenus, mais spéciaux. Ils sont issus des vingt centimes extraordinaires anciens, peu à peu ils ont formé un groupe distinct, aujourd'hui tout à fait séparé. Ils ne sont pas alloués d'avance, mais concédés au gré de l'administration en cas d'insuffisance de revenus. « Cette imposition est, il est vrai, classée parmi les recettes ordinaires des communes ; mais c'est uniquement au point de vue de l'ordre de la comptabilité. » (3)

4° Centimes extraordinaires. C'est le genre dont on a extrait les espèces ci-dessus : centimes spéciaux et centimes pour insuffisance de revenus. La loi de 1814, reproduite par celle de 1818, qualifie d'extraordinaires ces « centimes destinés à des dépenses urgentes ». Sans nul

(1) Loi de 1884, art. 133.
(2) Conseil d'Etat. Arrêt du 9 août 1889.
(3) M. Morgand, cité par M. Rey, loc. cit.

doute, ils doivent appartenir au budget extraordinaire ; ils sont destinés à suppléer à l'insuffisance des capitaux, amortissement d'emprunts, etc... Le pouvoir de les autoriser change de main suivant la nature des dépenses, le nombre et la durée des impositions accordées.

Pour les octrois, la loi elle-même fait la distinction et range au budget le produit des octrois affecté aux dépenses ordinaires, au budget extraordinaire le produit des octrois affecté aux dépenses extraordinaires, d'où il résulte que les taxes et surtaxes qui ne sont pas spécialement affectées à des dépenses extraordinaires, rentrent dans le budget ordinaire. C'est l'avis du Conseil d'État. M. Morgand s'y rallie. Pour la théorie basée sur la distinction en revenus et capitaux, l'explication est facile : ces taxes et surtaxes suppléent à l'insuffisance des revenus et doivent être portées à l'ordinaire. Quant aux taxes d'octroi admises par la loi du 15 juillet 1893 en vue de l'assistance médicale gratuite, ce sont des centimes spéciaux pour insuffisance de revenus et comme eux classés à l'ordinaire.

Nous avons annoncé à propos des produits du domaine certaines restrictions à la règle : revenus à l'ordinaire, capitaux à l'extraordinaire : il s'agit des recettes accidentelles. Ce chapitre doit figurer, selon nous, à l'un et à l'autre budget : à l'ordinaire d'abord, pour recevoir les recettes fortuites ordinairement de peu d'importance, qui, pour une raison quelconque, n'ont pu être prévues à l'ordinaire, comme c'est leur place (1) ; à l'extraordinaire

(1) On peut citer comme exemple un loyer arriéré, admis en non

ensuite, pour comprendre toutes les recettes imprévues de capitaux quel qu'en soit le chiffre. Nous nous séparons ici de M. Rey, nous estimons que la considération du chiffre n'a pas à intervenir ; la recette représente-t-elle un capital : prix de cession de terrain, etc... quel qu'en soit le montant, elle doit aller à l'extraordinaire, c'est le principe du système, il faut être logique jusqu'au bout.

Une observation pour en finir avec les recettes extraordinaires : c'est leur caractère d'être grevées d'une affectation. La gestion des biens d'une commune offre une grande ressemblance avec celle des biens d'un mineur, l'administration tient le rôle de conseil de famille, lorsqu'elle autorise une aliénation, elle prescrit les mesures qu'elle juge utiles. La règle générale est l'emploi. L'aliénation, comme l'emprunt, n'est jamais autorisée que pour un objet déterminé (1). Quant aux fonds libres, l'excédent des revenus, la loi le destine à l'épargne sauf affectation contraire, il est grevé d'emploi et doit être placé au Trésor (2).

Cette distinction des recettes entre les budgets ordinaire et extraordinaire n'est pas purement théorique, elle a un intérêt pratique très réel : c'est à la condition seulement

valeurs et payé après la clôture de l'exercice, ou mieux des taxes diverses dans les mêmes conditions.

(1) Circulaire du Ministère des Finances du 6 septembre 1840 et Instruction ministérielle du 5 mai 1852.

(2) Décret du 27 février 1811.

d'insuffisance des revenus ordinaires que la commune peut disposer de centimes spéciaux ; les dépenses des chemins vicinaux ne sont obligatoires que dans la mesure des ressources ordinaires disponibles augmentées des centimes spéciaux y affectés. Enfin nous rappelons pour mémoire l'utilité multiple de la distinction des budgets ordinaire et extraordinaire que nous avons signalée au début de ce chapitre.

Si maintenant des recettes, nous passons aux dépenses, la même division en ordinaires et extraordinaires existe, mais sur quelle base ? l'article 135 dit : « Les dépenses du budget ordinaire comprennent les dépenses annuelles et permanentes d'utilité communale.

Les dépenses du budget extraordinaire comprennent les dépenses accidentelles ou temporaires..... »

Nous ne proposons pas une classification a priori comme le paraît être celle-ci : elle se fonde sur des données essentiellement mobiles, dont l'appréciation change d'une commune à une autre et dans la même commune pour deux dépenses de même genre, mais de chiffre différent ; elle implique la possibilité d'établir a priori une liste de chaque catégorie de dépenses, ce qui est impossible. Nous avons sur ce point le témoignage de la doctrine : Dalloz (1) avoue que « dans les villes importantes, un grand nombre de dépenses dites extraordinaires se reproduisent annuellement », mais il n'en donne pas l'explication. M. Morgand (2)

(1) D. P., 76, 3, 4.
(2) M. Morgand, cité par M. Rey, loc. cit.

entrevoit la base réelle de la distinction, malheureusement il ne s'y arrête pas. Le passage est à citer en entier : « Le législateur a pensé sans doute qu'en dehors de la difficulté qu'il y aurait à énumérer les dépenses, en raison de leur très grande variété suivant les communes, cette énumération aurait l'inconvénient d'attribuer un caractère immuable à quelques-unes d'entre elles, dont la nature peut changer d'une commune à une autre, en ce sens que certaines dépenses, purement accidentelles pour une commune de peu d'importance, et devant dès lors être inscrites à son budget extraordinaire, devraient, au contraire, figurer au budget ordinaire d'une grande ville où des dépenses de même nature se produiraient normalement tous les ans.

Ainsi, les grosses réparations aux édifices communaux constituent une dépense extraordinaire dans une commune qui ne possède qu'une église..... Il en serait autrement dans une ville possédant de nombreux édifices publics..... C'est pourquoi le législateur laisse aux municipalités et à l'autorité chargée du règlement des budgets, le soin de répartir les dépenses communales entre les deux budgets. »

M. Morgand aboutit ainsi à une conclusion tout à fait erronée ; étant donnée notre division des recettes, nous dirons : la dépense se range automatiquement dans l'un ou l'autre budget : faible, à l'ordinaire, forte, à l'extraordinaire, cette relation s'appréciant par rapport au total des revenus. En réalité, il s'agit de savoir une chose : une dépense peut-elle se solder sur les revenus, elle est ordinaire ; exige-t-elle l'affectation de capitaux, elle est extraordinaire.

Nous avons parlé, à propos de la définition des budgets ordinaire et extraordinaire, de corrélation entre la recette et la dépense, plus que jamais elle ressort de notre étude : la recette donne à la dépense qu'elle couvre, son caractère ; la dépense détermine la base d'imposition de la taxe qui y pourvoit.

Enfin après avoir longuement approfondi les deux points, qui, à raison de l'obscurité dans laquelle ils étaient plongés, méritaient toute notre attention ; le principe de la taxation et la distinction des budgets, nous passerons beaucoup plus rapidement sur les deux dernières règles qui président à l'élaboration du budget : l'universalité et la juste évaluation.

Elles sont connues et ne nous retiendront pas : le principe de l'universalité veut que « le budget décrive in-extenso toutes les opérations de recette et de dépense, sans confusion ni atténuation, » dit M. R. Stourm (1) : la recette figurera donc pour le montant total de l'imposition, les frais de perception étant portés en dépense; la dépense pour son chiffre réel, la soulte ou prix de l'ancien objet remplacé étant inscrit en recette. Nous trouvons ici le contre-pied de la théorie de la spécialisation qui a eu tant de vogue un certain temps dans le budget de l'État et dont il reste encore des traces; M. Dubois ne lui est pas

____

(1) M. R. Stourm, op. cit. p. 127.

défavorable, sous l'influence de l'exemple allemand ; nous ne la condamnons pas comme toujours défectueuse, mais son utilité est souvent contestable (1), en tout cas elle demande à être très limitée et soigneusement réglée. Nous adhérons entièrement sous ce rapport aux observations de M. Stourm, la spécialisation par services peut intervenir discrètement, non pas dans le budget, mais à côté dans des rapports annexes. En tout cas, l'universalité assure toujours les avantages de l'économie et de la clarté.

La juste évaluation est la condition essentielle pour qu'un budget, état de prévision, mérite ce nom ; c'est l'ap-

(2) Le baron Louis l'a déclaré inutile ou dangereuse : « En effet, les recettes spécialement affectées à des dépenses spéciales sont-elles parfaitement égales à ces dépenses, ce qui est la perfection du système de la spécialité, cette spécialité devient inutile, puisque les recettes et les dépenses spéciales auraient pu être comprises dans les recettes générales sans déranger l'équilibre du budget. Si les dépenses spéciales excèdent les recettes qui leur sont affectées, il faudra, ou laisser les travaux sans exécution, quoiqu'ils soient nécessaires, ou les dépenses sans paiement, quoiqu'elles soient faites, ou bien il faudra employer une partie des fonds du budget à solder l'excédent des dépenses spéciales. Enfin, les recettes spéciales excèdent-elles les dépenses spéciales, elles ne pourront être employées et devront être rapportées au budget ; ou, par un abus contraire à tout principe de bonne administration et, comme il est trop souvent arrivé, des travaux inutiles, des dépenses sans objet, seront faits uniquement parce que, par une une erreur de calcul, ils auront été dotés trop largement tandis que les services les plus urgents resteront en souffrance, faute de fonds. » (Rapport au Roi sur les budgets de 1814 et 1815 par le baron Louis, ministre des finances.)

B. — 7

préciation sincère la plus exacte possible des éléments du budget. Sa valeur se montre surtout pour les dépenses, et pour les recettes à l'égard des taxes indirectes dont le rendement varie avec le niveau de la fortune publique. Il y a pour l'obtenir plusieurs systèmes (1) dont l'appréciation relève de l'étude du budget de l'État; dans la commune la règle suivie généralement, consiste à prendre comme prévisions les résultats du dernier exercice connu.

Nous en avons terminé avec la théorie de la préparation du budget: en quoi diffère-t-elle de la pratique? Nous devons dire de suite que, en général, celle-ci est quelque peu défectueuse, en tout cas manque au moins d'uniformité ; les circulaires ministérielles qui rappellent les municipalités à l'observation des règles sont nombreuses, nous l'avons vu, la situation financière embarrassée des communes nous fournit un argument en ce sens.

Nous passons sous silence les difficultés innombrables auxquelles on s'est toujours heurté pour dresser une statistique complète sur la situation financière des communes, et cela malgré les instructions dont les préfets accompagnent les demandes de renseignements. Le défaut essentiel se trouve, comme on l'a signalé depuis longtemps, dans l'abus des centimes additionnels et la division mal comprise en budget ordinaire et budget extraordinaire. Nous n'entreprendrons pas ici de signaler les errements

(1) Les principaux sont le système automatique et le système des majorations.

divers suivis dans les différentes villes, ce travail sort des limites de notre étude, nous ne pouvons que renvoyer à l'ouvrage de M. Rey, auquel nous avons fait des emprunts (1) et qui contient sur ce point une comparaison très détaillée entre les cadres budgétaires de tous les départements.

APPENDICE. — Budget supplémentaire.

Le budget, dont nous avons étudié jusqu'ici l'élaboration, porte le nom de budget primitif, mais par le fait que ses éléments ne sont que des prévisions, elles peuvent n'être pas réalisées, cependant, le budget approuvé, les chiffres sont définitifs, ne peuvent plus être modifiés ; de plus les évaluations ont été faites d'après les résultats du dernier exercice connu, par exemple pour l'exercice 1899 en avril 1898 d'après les données de 1897. Mais il y a des éléments inconnus à cette époque : le solde, débiteur ou créditeur, qui résultera des opérations de 1898, les restes à recouvrer et à payer qui subsisteront à la clôture de cet exercice, enfin les recettes et dépenses imprévues quelle que soit la sagacité avec laquelle les prévisions ont été établies. Ces éléments inconnus, c'est dans le budget supplémentaire ou additionnel qu'ils vont se réunir après le 31 mars ; on y adjoindra, au fur et à mesure qu'ils seront approuvés, les crédits votés au cours de l'exercice.

(1) M. Rey. Théorie du budget communal.

Le budget supplémentaire est préparé par le maire et présenté au vote du conseil à la session de mai.

Il offre avec le budget ordinaire plusieurs différences :

1° Il n'est pas toujours obligatoire : dans le cas (il est rare, mais il existe) où il n'y a ni restes à recouvrer ni restes à payer, une déliberation du conseil municipal constate les résultats de l'exercice clos qui doivent être reportés à l'exercice suivant, elle suffit, constatant les circonstances, pour dispenser de former le budget supplémentaire (1).

2° Il ne peut pas se solder par un déficit. Il est de règle en principe qu'un budget doit s'équilibrer en recettes et dépenses, toutefois le budget primitif peut, ne tenant pas compte de l'excédent de recettes de l'exercice précédent, se solder en déficit, s'il est possible d'établir que cet excédent viendra reconstituer la balance ; au contraire, le budget supplémentaire doit toujours se présenter en équilibre puisque c'est lui qui comprend normalement le solde du dernier exercice clos et, dans l'hypothèse ci-dessus, il doit offrir un excédent, celui que l'on a escompté lors de la formation du budget primitif et qui ne pouvait y figurer, car les bases d'évaluation manquaient à peu près totalement.

3° Les divisions n'en sont pas les mêmes. Le budget supplémentaire comprend recettes et dépenses, mais il ne

____

(1) Circ. min. int. 15 juin 1836, citée par M. Chabanel. *Traité de comptabilité et de finances communales*, p. 402.

distingue plus l'ordinaire de l'extraordinaire, l'obligatoire du facultatif.

Il comprend en recettes :

Dans une première section : 1° le report de l'excédent de l'exercice précédent ; 2° les restes à recouvrer de cet exercice ; dans une seconde section, les recettes nouvelles. Les augmentations sur une recette déjà prévue ne constituent pas une recette nouvelle, mais sont rattachées à l'article du budget ordinaire (1).

Il contient en dépenses :

Dans une première section : 1° le déficit de l'exercice précédent et les restes à payer ou reports de droit : il faut entendre sous cette rubrique les crédits affectés à des dépenses engagées ou exécutées, mais non payées à la clôture de l'exercice et les crédits destinés à des dépenses non engagées, mais qui, à raison de leur origine (emprunts, secours) et de leur destination spéciale, doivent conserver leur affectation ; 2° les crédits nouveaux parmi lesquels on range d'abord les crédits réouverts, c'est-à-dire affectés à des dépenses non engagées au 31 mars et annulés par l'arrêté réglementaire du compte, mais dont on veut conserver l'affectation, ensuite tous les crédits votés depuis l'approbation du budget primitif pour de nouvelles dépenses ou en augmentation de dépenses déjà prévues.

____

(1) Circ. min. int. 1er juillet 1837, citée par *Mémorial des Percepteurs*, p. 196.

Nous avons dit que l'on reportait les crédits sur ressources spéciales ; toutefois cela ne doit pas durer indéfiniment ; c'est à l'autorité qui règle le budget d'y veiller avant l'approbation. Il peut arriver que ces ressources spéciales deviennent inutiles, superflues : si elles proviennent de subventions d'État, elles doivent être reversées au Trésor ; si elles proviennent de centimes, il faut en obtenir la désaffectation au moyen d'une délibération municipale homologuée par l'autorité qui a autorisé l'imposition. En pratique, lorsque l'excédent est minime, on se contente de l'autorisation préfectorale.

De même, les reports de droit pour restes à payer, doivent être employés durant l'exercice correspondant, faute de quoi ils devront être rétablis comme crédits nouveaux dans les formes prescrites (1).

Le budget supplémentaire ainsi établi, est voté par le conseil municipal et soumis à l'autorité qui a réglé le budget primitif. Les règles sont les mêmes que pour celui-ci.

Section II. — VOTE DU BUDGET

Le budget préparé par le Maire est déposé par lui à l'ouverture de la session de mai (2) dite budgétaire, à raison de son importance, elle dure six semaines ; on y arrête

(1) Inst. gén. fin. art. 830 et 833.
(2) Ordonnance du 28 janvier 1815, art. 1. — Dans beaucoup de

en effet le compte administratif du maire et le compte de
gestion du receveur municipal pour l'exercice clos (nous
les verrons à propos du contrôle), on y vote le budget supplémentaire de l'année en cours et le budget primitif de
l'exercice prochain.

Cette partie de l'étude du budget nous retiendra peu :
très important au point de vue politique, le vote du budget
est l'approbation par le conseil municipal des taxes et dépenses de la commune, il est la sanction du principe en
vertu duquel l'impôt doit être consenti et son emploi sur-
veillé par les représentants du peuple ; il n'a pour effet, au
point de vue financier, que d'arrêter provisoirement le
chiffre des prévisions.

Nous nous bornerons à indiquer succinctement les conditions dans lesquelles il s'effectue, à étudier ses effets à
l'égard des créanciers de la commune, et à signaler les
conséquences du retard ou du refus d'approbation par le
conseil municipal.

La discussion qui précède le vote du budget, est une
garantie de bonne administration, la loi a pris les mesures
nécessaires pour la rendre efficace ; le conseil municipal
commence, dans cette session, par arrêter le compte ad
ministratif du maire sur l'exercice clos (1) ; ce compte est
accompagné des états de restes à recouvrer et à payer,

grandes villes, le vote du budget n'a lieu souvent que très tard ; cette
pratique, tolérée par l'administration, est très regrettable.

(1) Loi de 1884, art. 151.

des états de non-valeurs, enfin du compte de gestion du receveur (1). Le conseil possède ainsi tous les renseignements sur la situation financière de la commune, il peut en vérifier les résultats consignés au projet de budget. L'étude en est ordinairement confiée à une commission des finances (2) qui émet ses observations par l'organe d'un rapporteur.

Dans quelle forme a lieu le vote : par chapitre ou par article ? Ordinairement par article. C'est une question d'ordre intérieur sur laquelle la loi ne s'est pas prononcée, elle laisse le conseil municipal libre de déterminer son règlement en cette matière. Cependant, est-ce à dire pour cela que le budget puisse être voté en bloc ou par chapitre même ? Théoriquement on peut soutenir la négative en se fondant sur ce que le conseil municipal doit voter chaque dépense et que ce serait une façon déguisée d'autoriser les virements, ce serait une fraude à la loi ; en pratique, l'autorité chargée du règlement n'approuvera pas un budget ainsi voté. En tout cas, nous trouvons là une lacune qu'il serait désirable de voir combler par un texte de loi. Le budget voté est transmis à l'autorité chargée de le régler. Les pouvoirs dont elle dispose nous fourniront l'occasion d'indiquer les limites auxquelles est soumise la liberté du conseil municipal en matière de vote.

Quels sont les effets du vote du budget vis-à-vis des

(1) Décret du 31 mai 1862, art. 523.
(2) Loi de 1884, art. 59, a consacré cette pratique.

créanciers de la commune? Avant comme après il n'y a qu'un projet de budget, des prévisions. La délibération qui l'approuve, ne saurait porter atteinte aux droits acquis des tiers pas plus qu'elle ne pourrait en créer à leur profit; elle n'est donc pas susceptible d'être déférée au Conseil d'État pour excès de pouvoirs : c'est la solution que le Conseil d'État (1) a consacrée lui-même. Les intéressés pour la dette desquels le conseil municipal n'a pas voté de crédit, auront à se pourvoir devant l'autorité compétente pour obtenir l'inscription d'office.

Les chiffres portés en recette sont l'évaluation la plus approximative possible du produit des taxes, les plus-values doivent être ajoutées à chacun des articles correspondants et figurer dans l'excédent reporté au budget supplémentaire de l'exercice suivant.

En dépense, les crédits ne donnent pas le droit d'effectuer la dépense par le seul fait qu'ils sont votés, si cette dépense exige une autorisation spéciale (2). Sont-ils limitatifs ou simplement évaluatifs ? En d'autres termes, le chiffre porté au budget constitue-t-il un maximum qui ne peut être dépassé sans les formalités nécessaires pour toute ouverture de crédit, ou forme-t-il une évaluation dont l'exécution du budget peut seule déterminer l'importance exacte. En présence des textes, le doute n'est pas possible :

(1) Conseil d'État, 14 mars 1890.
(2) Circ. int., 5 mai 1852.

en effet , le receveur municipal est tenu de refuser le paiement (1) en cas d'insuffisance du crédit prévu au budget, et de différer jusqu'à ce qu'il ait été pourvu à la dépense par les autorités chargées du vote et du règlement du budget(2). On ne peut qu'approuver cette décision, car, si les crédits limitatifs ont le défaut d'exiger la mise en mouvement de tout le mécanisme budgétaire, du moins ils ont le grand avantage d'être une cause d'économie, les crédits évaluatifs au contraire se présentent comme un minimum qu'il faut au moins atteindre. et que l'on peut dépasser, ils poussent à la prodigalité, aux dépenses inutiles et exagérées.

Enfin quelle est la conséquence du retard dans le vote du budget? du refus d'approbation? Certains auteurs, M. Morgand en particulier (3), distinguent: en cas de retard « les recettes et dépenses continuent, jusqu'à l'approbation du budget, à être faites conformément à celui de l'exercice précédent » (4); en cas de refus, « ce n'est pas cet article (art. 150) qui doit servir de règle, dit-il, mais bien l'article 149; il y a lieu alors d'établir un budget d'office ne comprenant que les dépenses obligatoires, or-

---

(1) Décret du 31 mai 1862 et Inst. gén. fin. 1859, art. 1000.

(2) Il existe cependant des crédits évaluatifs, mais ce sont des exceptions qui se justifient par la force des choses et dont l'augmentation est liée à celle de la recette correspondante : ex. répartitions d'amendes et de confiscations attribuées aux employés saisissants.

(3) M. Morgand. Op. cit., t. II, p. 379.

(4) Loi de 1884, art. 150.

dinaires ou extraordinaires. » Cette distinction ne nous paraît rien moins que fondée en présence des termes généraux de l'article 150, *Lex non distinguit;* cependant l'instruction générale des finances du 20 juin 1859 s'était déjà prononcée et avait fait la même distinction sous l'empire de l'article 35 de la loi du 18 juillet 1837, que la loi de 1884 n'a fait que reproduire. Malgré cela, cette décision nous laisse porplexe sur la solution à adopter; nous opinerions plutôt pour l'assimilation des deux cas et l'application à l'un et à l'autre de l'article 150.

Nous avons examiné les principales questions qui se rattachent au vote du budget; nous pouvons maintenant passer à la question de règlement.

SECTION III. — RÈGLEMENT DU BUDGET

Le budget, encore à l'état de projet, est établi, les chiffres en sont arrêtés provisoirement; vérifier et déterminer définitivement les prévisions de recettes et les autorisations de dépenses, tel sera le but du règlement.

L'autorité compétente pour y procéder est, aux termes de l'article 145, le préfet ou le ministre : « Le budget de chaque commune..... est réglé par le préfet. Le budget des villes dont le revenu est de trois millions de francs au moins est toujours soumis à l'approbation du Président de la République, sur la proposition du Ministre de l'intérieur. Le revenu d'une ville est réputé atteindre trois millions, lorsque les recettes ordinaires constatées dans les comptes se sont élevées à cette somme pendant les trois dernières années.

Le but du règlement, tel que nous l'avons défini, nous donne la mesure du rôle et des pouvoirs de l'autorité : préfet ou pouvoir exécutif ; il vérifie, doit s'assurer que les évaluations ne sont pas erronées, les recettes majorées, les dépenses sous-évaluées, que les impositions ont été régulièrement autorisées (1), que les dépenses ne sont pas contraires à la loi (2), enfin que l'équilibre est réel et non seulement apparent, obtenu qu'il pourrait être par l'inscription de ressources incertaines ou l'omission de dépenses inévitables. Les chiffres sont ensuite arrêtés définitivement à titre de prévisions pour les recettes, car il est aussi impossible maintenant que dans la préparation, de connaître le produit réel, celui-ci figurera seule-

(1) Certains auteurs, par souvenir du Décret du 13 avril 1861 (tableau A, n⁰ 42) qui soustrait le règlement à la compétence du préfet quand le budget présente des impositions extraordinaires, veulent faire la même distinction sous l'empire de la loi de 1884 ; c'est une erreur, croyons-nous, le préfet reste compétent, il doit autoriser, mais après avoir vérifié si les éléments du budget sont régulièrement établis ; et si une imposition extraordinaire n'a pas été régulièrement inscrite, il devra seulement surseoir au règlement.

(2) Spécialement dans le cas où une commune disposerait son budget pour se soustraire, à la faveur de l'article 145, au contrôle de l'administration sur la nature de ses dépenses.

ment au compte de gestion du receveur d'après le montant des recouvrements par lui effectués, c'est alors qu'il sera arrêté ; de même pour les dépenses, le chiffre n'est pas définitif, car il peut arriver des réductions, mais pour l'augmentation, il faut une nouvelle autorisation par le même pouvoir qui a réglé le budget, à moins toutefois que l'excédent étant minime, ne soit prélevé sur le crédit de dépenses imprévues.

Pour cette vérification, l'autorité qui règle le budget doit posséder des éclaircissements ; ils lui sont fournis par les pièces qui accompagnent le budget : compte d'administration du maire, compte de gestion du receveur, règlement définitif des recettes et dépenses de l'exercice clos, rapport du maire avec délibération du conseil municipal et cahier d'observations. Le sous-préfet, en transmettant le dossier au préfet, comme le préfet en l'adressant au Ministre, émettent leur avis.

Nous en arrivons aux pouvoirs de l'autorité administrative en matière de règlement de budget ; le rôle de vérification qui lui incombe nous indique déjà quels ils seront pour la rendre efficace : ajouter, augmenter, réduire ou supprimer la prévision ; nous les distinguerons au point de vue des recettes d'abord, vis-à-vis des dépenses ensuite.

A. *Recettes.* — 1º L'autorité administrative peut augmenter ou diminuer les prévisions, selon que le chiffre proposé lui paraît insffisant ou excessif ; 2º Elle peut supprimer ou ajouter des recettes : supprimer celles dont la réalisation ne lui paraîtrait pas suffisamment assurée pour qu'il puisse en être fait état en vue de l'acquittement des dépenses ; ajouter d'abord celles qui auraient pu être omises, puis celles qui sont nécessaires pour faire face à des dépenses obligatoires (1) : ce sont les cas d'imposition d'office, d'emprunt d'office.

B. *Dépenses.* — D'après l'article 148, l'autorité administrative peut réduire ou rejeter en totalité les dépenses proposées : la loi ne distingue pas et cette règle, établie déjà par la loi de 1837 (2) s'applique à toutes les dépenses, obligatoires comme facultatives (3), ordinaires ou extraordinaires, sauf dans deux cas exceptionnels que la loi prévoit :

1° Article 145, § 2. « Lorsqu'il pourvoit à toutes les dépenses obligatoires et qu'il n'applique aucune recette extraordinaire aux dépenses, soit obligatoires, soit facultatives, ordinaires ou extraordinaires, les allocations portées audit budget pour les dépenses facultatives ne peuvent être modifiées par l'autorité supérieure. »

Comme le fait remarquer M. Morgand : « Bien que la loi ne parle que des dépenses facultatives, sa disposition doit aussi s'appliquer aux dépenses obligatoires : on ne comprendrait pas, en effet, que l'autorité qui règle le budget

----

(1) Nous reviendrons sur ce cas à propos de l'inscription d'office des dépenses ; c'est à cette occasion qu'il se produit le plus fréquemment.

(2) Loi de 1837, art. 36.

(3) Cons. État, 5 février 1892. Montagnac.

pût réduire les dépenses obligatoires, alors qu'elle ne pourrait pas le faire pour les dépenses facultatives. L'article 145
doit s'entendre en ce sens que, dans le cas qu'il prévoit,
les dépenses, *mêmes facultatives*, ne peuvent être réduites
ou rejetées » (1).

Toutefois, les communes ne pourraient se prévaloir de
l'article 145 pour inscrire à leur budget des dépenses contraires aux lois. Ainsi en a décidé le Conseil d'État (2),
relativement aux subventions en faveur des écoles privées ;
le Conseil d'État dit notamment : « L'article susvisé ne pouvait avoir pour but et ne peut avoir pour effet d'attribuer
aux communes, quelle que soit d'ailleurs leur situation
financière, le droit d'inscrire à leur budget, à titre de dépenses facultatives et sans nul recours de l'autorité supérieure, des dépenses contraires aux lois. »

Il reste maintenant une question délicate à trancher :
c'est la situation exacte dans laquelle doit se trouver la
commune pour pouvoir invoquer le bénéfice de l'article 145.
Nous retrouvons ici la distinction des centimes en ordinaires et extraordinaires, qui nous a retenu si longtemps (3) ; en raison du criterium que nous avons établi
et de la distinction que nous avons déduite, la question ne
nous embarrassera guère ; nous nous rencontrons, d'ailleurs, sur ce point avec la solution admise par la direction

(1) M. Morgand, op. cit., p. 361.
(2) Conseil d'Etat, 19 juillet 1888, *Bul. min. int.*, p. 220 et 248.
(3) V. *infra*, chapitre ii, section première.

du Ministère de l'Intérieur et la jurisprudence du Conseil d'État : « pour qu'une commune soit fondée à se prévaloir de la disposition précitée de l'article 145, il est nécessaire non seulement qu'elle ne fasse usage d'aucune des recettes que l'article 134 classe dans le budget extraordinaire, mais encore qu'elle s'abstienne de recourir à certaines ressources, rangées aux termes de l'article 133 dans le budget ordinaire, parce qu'elles sont destinées au paiement des dépenses annuelles, mais qui, à ce point de vue spécial, sont considérées comme extraordinaires (nous dirions plus : mais qui sont extraordinaires). Ces ressources sont, en première ligne, les impositions pour insuffisance de revenus applicables, soit aux dépenses obligatoires, soit aux dépenses facultatives, puis les centimes autorisés par l'article 141 en vue des chemins vicinaux et ruraux, et ceux que les assemblées communales peuvent voter en exécution de l'article 1er de la loi du 21 décembre 1882, pour venir en aide aux familles des soldats de la réserve et de l'armée territoriale. Quant à l'excédent de l'exercice antérieur reporté au budget additionnel, bien qu'il ne constitue pas une ressource propre de l'exercice en cours, il n'est pas cependant considéré, en ce qui concerne cet exercice, comme une recette extraordinaire susceptible d'empêcher la commune de se prévaloir de l'article susmentionné » (1) (Conseil d'État, 16 novembre 1888).

2° Article 147 : « Les conseils municipaux peuvent por-

____

(1) M. Chabanel, op. cit., p. 10.

ter au budget un crédit pour les dépenses imprévues. La somme inscrite pour ce crédit ne peut être réduite ou rejetée qu'autant que les revenus ordinaires, après avoir satisfait à toutes les dépenses obligatoires, ne permettraient pas d'y faire face. »

Sous l'empire de la loi de 1837, ce crédit ne pouvait excéder le dixième des revenus ordinaires ; la loi de 1884 a aboli cette restriction. Le crédit pour dépenses imprévues doit donc être prélevé sur les ressources ordinaires, mais cela suffit et l'existence d'impositions extraordinaires en vue de pourvoir seulement à des dépenses extraordinaires, obligatoires ou facultatives, n'ouvrirait pas à l'autorité administrative le droit de modifier le budget (1).

D'autre part, l'autorité qui procède au règlement du budget, peut augmenter une prévision de dépense, dont le chiffre a été sous-évalué pour respecter l'équilibre, par exemple, au besoin même ajouter une dépense omise, l'inscrire d'office, comme l'on dit (2), toutefois cette faculté est strictement limitée aux dépenses obligatoires :

(1) Let. min. int. citée par M. Morgand, t. II, p. 364.

(2) Cette expression « inscrire d'office » a dans la pratique, à propos du règlement du budget, une valeur pour le moins contestable et qu'il serait heureux de voir trancher. Si l'on rapproche en effet les articles 148 *in fine* et 149, on trouve que toute la procédure organisée, comme nous la verrons, pour la sécurité de la commune, n'est qu'un vain mot en présence de l'article 148 *in fine*, au moins pour les dépenses obligatoires, car, pour s'y soustraire, le Préfet n'a qu'à attendre le budget et à augmenter ou à ajouter celles qu'il devrait inscrire d'office. M. Valabrègue a signalé cette anomalie dans les conclusions

« Le décret du Président de la République ou l'arrêté du préfet qui règle le budget d'une commune peut rejeter ou réduire les dépenses qui y sont portées... mais il ne peut les augmenter ni en introduire de nouvelles qu'autant qu'elles sont obligatoires » (1).

Nous ne nous arrêterons pas à dresser une liste des dépenses obligatoires, ce caractère résulte d'une disposition législative, en tout cas il ne doit pas être contesté, sinon, le préfet ou le pouvoir exécutif doit attendre pour procéder à l'inscription qu'il ait été prononcé sur la question. La compétence administrative n'est pas exclusive sur ce point, une dépense, par exemple, peut résulter d'une convention entre la ville et le particulier, le pouvoir judiciaire en statuant sur la validité fixera le caractère de la dette, de même en déclarant une dette liquide et exigible.

Quant au chiffre à inscrire, c'est la prévision la plus juste possible, en ce sens que pour les dépenses fixes et les dépenses extraordinaires (entendez ici qui n'arrivent que rarement) c'est le chiffre réel de la dépense, et pour

qu'il a déposées devant le Conseil d'État lors de l'arrêt du 26 février 1892 ; il propose l'interprétation suivante : il faut normalement, pour qu'un crédit soit ouvert, deux conditions : le vote par le Conseil municipal et l'approbation administrative, or, dans l'hypothèse, la première manque, cette inscription vaudrait donc au plus comme mise en demeure. Le Conseil d'Etat confirmant sa jurisprudence antérieure, a donné à cette inscription la valeur d'inscription d'office.

(1) Loi de 1884, art. 148.

les dépenses variables, c'est une moyenne du montant de
cette dépense durant les trois dernières années (1).

La loi a organisé, dans le but de sauvegarder tous les
intérêts, une procédure particulière pour l'inscription d'office : le préfet doit adresser une mise en demeure spéciale
et préalable, rappelant au conseil municipal que la dépense est obligatoire, et l'avisant que, faute par lui de la
voter, il y sera pourvu d'office (2). Si le conseil municipal
rejette la dépense ou refuse de délibérer (3), une décision
spéciale est prise « par décret du Président de la République pour les communes dont le revenu est de trois
millions et au dessus, et par arrêté du Préfet en conseil de
préfecture pour celles dont le revenu est inférieur (4) »,
cette décision doit, à peine de nullité, être distincte de
celle qui règle le budget (5). Pour le décret cependant, il
n'y a aucune forme spéciale. Si la dépense à inscrire concerne la police d'une ville de plus de 40.000 habitants,
c'est par un décret du Président de la République, le
Conseil d'État entendu, qu'il y est procédé.

Toutefois le pouvoir de l'administration supérieure n'est
pas souverain en cette matière, sa décision n'est pas sans
appel : contre la mise en demeure préalable à l'inscription,
il n'y a pas de recours possible, attendu que c'est une

(1) Loi de 1884, art. 149, §§ 3 et 4.
(2) Cons. Ét. 14 nov. 1879, Lebon, 79, p. 677.
(3) Cons. Ét. 16 juil. 1875, Lebon, 75, p. 685.
(4) Loi de 1884, art. 149, § 1.
(5) Cons. Ét. 25 fév, 1892.

simple mesure préparatoire (1) ; de même dans le cas où le préfet refuse de réquérir l'inscription d'office, l'intéressé ne peut pas se pourvoir en Conseil d'État contre ce refus (2), c'est pour l'administration une simple faculté dont elle peut ne pas user, et il a seulement un recours au Ministre par la voie hiérarchique (3). Au contraire la décision qui ordonne l'inscription peut, suivant le droit commun, être déférée au Conseil d'État (4). Enfin, puisque nous sommes en matière de recours : l'inscription d'office ne consacre au profit du bénéficiaire aucun droit acquis et le préfet peut toujours la retirer, sa décision à ce sujet ne saurait être déférée au Conseil d'État (5).

L'inscription d'office permet à l'administration d'imposer aux municipalités le vote des dépenses obligatoires, toutefois il peut arriver que toutes les ressources soient engagées et que les dépenses ne puissent être réduites, l'équilibre rompu de ce chef devra être rétabli au moyen d'une ressource nouvelle, d'une imposition extraordinaire ; si le conseil municipal refuse de pourvoir à cette nouvelle dépense, il y aura lieu de recourir à l'imposition d'office.

---

(1) Cons. Et. 18 nov. 1887.

(2) Cons. Et. 4 août 1876.

[(3) Décret du 25 mars 1852, art. 6 et décret du 13 avril 1861, art 7.

(4) Cons. Et. 26 fév. 1892.

(5) Cons. Et. 4 août 1876. Lebon, 76, p. 743.

L'article 149 prévoit et règle le cas : « Si les ressources
de la commune sont insuffisantes pour subvenir aux
dépenses obligatoires inscrites d'office, en vertu du pré-
sent article, il y est pourvu par le conseil municipal, ou,
en cas de refus de sa part, au moyen d'une contribution
extraordinaire établie d'office par un décret, si la contribution extraordinaire n'excède pas le maximum à fixer
annuellement par la loi de finances, et par une loi spéciale, si la contribution doit excéder ce maximum (1). »
Il faut en cette hypothèse un décret ou une loi; l'importance de la mesure justifie pleinement cette exigence et
on ne peut que l'approuver. Il n'existe à cette règle
qu'une exception établie par la loi du 21 mai 1836 : pour
l'entretien des chemins vicinaux, le préfet peut imposer
d'office trois journées de prestations et cinq centimes
additionnels.

Enfin, dans un cas seulement, la loi permet à l'administration d'engager les finances communales même pour
l'avenir, de procéder à un emprunt d'office : c'est pour
l'acquisition et l'entretien des constructions scolaires (2);
c'est le maire, ou, sur son refus, un délégué spécial qui
le contracte, le service en est assuré par une imposition
extraordinaire également établie d'office, comme on l'a vu
ci-dessus.

(1) La loi du 21 juillet 1894, art. 17, a fixé à dix centimes ce maximum, qui peut être élevé à vingt dans le cas où la dette résulte de
condamnation judiciaire.
(2) Loi du 20 mars 1883, art. 10.

Ces questions d'inscription, d'imposition d'office ne laissent pas que d'être très délicates, c'est ce qui explique que le législateur se soit contenté de poser les principes et de laisser à la jurisprudence le soin d'en établir les règles d'application. Le Conseil d'État n'a pas failli à la besogne, tout en protégeant les municipalités contre l'abus auquel était exposée l'administration centrale à la faveur de ce pouvoir exorbitant, il les a maintenues sous la stricte application d'une comptabilité sévère, leur assurant le crédit que seule une gestion irréprochable pouvait conserver, et le développement économique que le maintien des services communaux devait certainement favoriser.

On a beaucoup attaqué cette mainmise de l'État sur les finances de la commune, cette tutelle du pouvoir central sur le budget municipal, les partisans de la décentralisation en particulier voudraient la voir abolie, ou tout au moins considérablement réduite. On ne peut nier, selon nous, l'heureuse influence qu'elle a exercée sur l'administration locale en général, car, si l'inexpérience des affaires est plus grande dans les communes rurales et semble justifier pour celles-ci seulement une pareille rigueur, dans les villes, c'est contre des abus non moins graves qu'il faut se garantir ; s'ils sont plus étudiés que dans la commune, si leur cercle d'influence est plus restreint que pour l'État, ils n'en sont que plus tyranniques. Nous constaterons plus loin une de ces utilités de la tutelle de l'État à propos de l'exécution du budget, mais n'anticipons pas.

Nous avons établi quel est le rôle et quels sont les pou- .
voirs de l'autorité qui règle le budget : « elle vérifie et
détermine définitivement », avons-nous dit, et en effet, une
fois l'approbation donnée, le budget acquiert force exécutoire, il ne reste plus qu'à le porter à la connaissance des
habitants, c'est l'objet de la publication.

Section IV. — publication.

Le régime actuel a été inauguré par la loi de 1884 ;
avant elle, sous la loi du 10 juillet 1837 (1), le budget
était déposé à la mairie et communiqué à tout contribuable
qui en faisait la demande ; désormais, ce droit est reconnu
à tout habitant, même en vertu de l'article 58, il est
permis d'en prendre copie et de le publier. De plus, dans
les communes quelque peu importantes, dont le revenu
est de 100.000 francs, l'impression du budget est une dépense obligatoire (2).

C'est un progrès évident sur la législation antérieure et
nous ne pouvons qu'applaudir à cette réforme, qui procure
ainsi une nouvelle garantie de bonne administration et

(1) Loi du 18 juillet 1837, art. 69.
(2) Loi de 1884, art. 136 2º.

non la moindre : le contrôle direct par les administrés
eux-mêmes. L'Angleterre, avant nous, a pu en apprécier
toute l'utilité, nous ne pouvons souhaiter qu'une chose,
c'est que les administrés affectent moins d'indifférence
pour ces documents qui les intéressent ; mais ils en igno-
rent souvent l'importance, la valeur, c'est ce qu'il faudrait
commencer par leur apprendre. Cette considération nous
amène tout naturellement à étudier l'organisation étrangère sur ce point.

Section V. — Législation comparée.

Nous étudierons sous cette rubrique, selon le plan que
nous nous sommes tracé, l'organisation financière à
l'étranger, nous attachant surtout, dans la comparaison
qui résultera de cet exposé, à faire ressortir les différences
principales qui la distinguent de nos institutions. Les services municipaux ont eu dans les divers pays européens
une origine commune, la proximité matérielle de la propriété, de l'habitation qui a engendré des relations semblables et réglées de la même façon; aussi n'y a-t-il plus
aujourd'hui entre eux grande diversité de nature, mais
seulement quelques différences de caractère et de constitution. Ces éléments même, qui constitueraient l'originalité d'une organisation, s'ils avaient pu se développer, ont
été le plus souvent contenus par l'État; libres de leurs

attributions et maîtresses de leurs biens, les communes auraient modelé leurs services sur leurs besoins ; mais l'État, sous le prétexte trompeur de leur assurer protection et secours, leur a imposé une tutelle plus ou moins étroite ; partout l'on retrouve la trace plus ou moins accusée de ce pouvoir de réglementation et de contrôle. Cette dépendance inégale se montre surtout en matière financière où la liberté excessive entraîne les plus graves conséquences. Nous aurons l'occasion, à propos de cette question de la préparation du budget précisément, d'apprécier la faculté reconnue aux municipalités d'établir des taxes, de recourir à tels ou tels impôts, en un mot de se créer des ressources ; l'examen sommaire des principaux services nous montrera d'autre part dans quelle mesure l'État, qui souvent s'en arroge la direction, en prend aussi les charges.

Belgique. — La commune belge moderne possède une administration composée d'une assemblée à qui appartient la délibération, d'un collège d'échevins présidé par le bourgmestre et chargé de l'exécution. Le budget est préparé par le bourgmestre et voté par le conseil communal, comme en France, mais sur ce point les attributions de la municipalité sont beaucoup plus étendues que chez nous ; sans doute toutes les dépenses doivent faire l'objet d'un vote (1) et correspondre à une ressource du budget (2), il

(1) Loi communale, art. 75.
(2) Loi communale, art. 144.

existe des dépenses obligatoires (1), l'autorité supérieure
peut intervenir par l'inscription et l'imposition d'office (2),
sa sanction est nécessaire en tout cas pour le règlement
du budget, la députation permanente jouit sur ce point
d'une liberté plus grande qu'en France, le Préfet ou le
Ministre ; mais où les attributions municipales s'élargissent, c'est en matière d'impositions. En principe le
pouvoir de la commune d'établir des taxes est illimité
sauf l'approbation de l'autorité supérieure, la Cour de
cassation (3) lui reconnaît une « véritable autonomie en
matière d'impôt », elle n'est pas liée, même à cet égard,
par les règles des impôts d'État ; « une imposition communale n'est pas l'accessoire de celle de l'État » (4), elle
en demeure distincte. Il appartient au conseil d'établir les
taxes, mais il ne doit le faire qu'à défaut de revenus suffisants pour parer aux besoins de la communauté et dans la
juste mesure de ces besoins ; l'initiative des pouvoirs
locaux est assurée sur ce point, ils déterminent librement
la base, l'assiette et le quantum de l'impôt. Lors de la
discussion de l'article 110, ces prérogatives avaient paru
excessives à certains membres du Parlement, des restrictions furent proposées, mais elles ont été repoussées. Les
seules entraves consistent dans l'interdiction de lever des

(1) Loi communale, art. 31.

(2) Loi communale, art. 133.

(3) Cour de Cassation de Bruxelles, 14 juillet 1884. Pasicrisie belge,
Cass. 84, p. 287.

(4) Bernimolin. *Institutions provinciales et communales de
Belgique*, p. 329 et suiv.

taxes participant de la nature des droits d'octroi et la nécessité de l'autorisation du Roi ou de la députation permanente.

En présence de ce pouvoir général de se procurer des ressources, quelles sont celles que la commune utilise le plus généralement et dans quelle proportion ?

Les produits domaniaux qui doivent entrer en première ligne dans un budget, ne figurent dans le total des recettes municipales que pour une faible part (1) ; l'on trouve rarement là une source réelle de revenus, le taux minime qu'ils présentent en Belgique s'explique encore par le peu d'étendue du territoire en comparaison de la densité très élevée de la population.

Ce taux s'accroîtrait considérablement, si l'on faisait entrer dans les revenus domaniaux le produit du domaine industriel, mais, conformément à notre théorie, ce produit rentre dans les taxes locales sous le nom de taxes de rémunération.

Parmi les subventions, celles que nous avons qualifiées de subsides n'existent en Belgique que pour deux services : pour l'instruction primaire, la province, dans une limite fixe, l'État, indéfiniment, concourent à l'acquittement des dépenses auxquelles les localités ne peuvent faire face ; pour la voirie, ils fournissent certains subsides. Les dotations, au contraire, ont pris un grand développement, et, pour ne citer que la principale, le « fonds com-

(1) Dans la proportion de 9 o/o.

munal » créé en 1860 en vue de remplacer les taxes d'octroi, forme le type le mieux caractérisé (1). Elles tendent aujourd'hui à se multiplier, et cette faveur s'explique en présence des inconvénients qui accompagnent les subsides accordés sans base ni condition, comme la subvention scolaire. Ils poussent aux dépenses exagérées, étouffent l'esprit d'économie et apprennent aux communes à compter sur l'État d'une façon régulière.

L'impôt, enfin, constitue une autre source de revenus, mais il n'a pas en Belgique le taux élevé que l'on rencontre ailleurs ; l'explication que naguère nous avons donnée du faible produit des revenus domaniaux réapparaît ici, mais renversée, la même cause produit un effet contraire, l'impôt étant surtout personnel, la densité très forte de la population dispense de devoir surélever le taux de l'impôt ; ajoutez à cela l'extension des subventions et l'on comprend que le chiffre d'imposition par tête d'habitant soit si minime (2). Il n'existe pas en Belgique d'impôt communal indirect à la consommation, la suppression des

______

(1) Il comprend en 1860 : 75 °/₀ des droits de douane sur le café, 35 °/₀ des droits de douane sur les eaux-de-vie, bières et vinaigres, 35 °/₀ des droits d'accise sur les vins, eaux-de-vie, bières, vinaigres et sucres, et 41 °/₀ des taxes postales. En 1889, il a été constitué un second fonds communal, comprenant le produit des droits de licence sur les nouveaux débits, et celui des droits de douane sur le bétail et la viande.

M. L. Paul Dubois, op. cit., p. 150.

(2) Le chiffre est de 4 fr. 60.

octrois a été réalisée en 1860, et leur produit remplacé par une dotation que nous connaissons.

L'administration communale jouit, nous l'avons vu, d'une véritable autonomie pour l'établissement des taxes, mais l'imposition communale par excellence, ce sont les centimes additionnels aux diverses contributions ; ils peuvent être remplacés par une taxe sur le revenu cadastral ou sur le revenu des propriétés bâties ; on a compris en Belgique que le véritable impôt sur le revenu est difficile à établir, et l'on a pensé que l'impôt personnel à bases multiples est le meilleur critérium du revenu réel ; les communes peuvent l'établir à raison des domestiques, des chevaux, etc... Les localités disposent encore de taxes très variées ; elles ont tiré un heureux parti des taxes de rémunération et des contributions particulières. D'ailleurs, l'exemple leur venait d'en haut, l'État ne possède-t-il pas de nombreuses entreprises industrielles exploitées sous forme, soit de concessions, soit de monopoles, et même directement comme les chemins de fer ? Les taxes de rémunération ont trouvé une heureuse application en matière de voirie spécialement dans les grandes villes ; de même les contributions particulières à l'occasion de travaux et d'expropriations. « Ce qui caractérise actuellement les taxes locales, dit M. Bernimolin (1), c'est leur variété, leur degré de spécialisation et le rapport entre leur taux et

- (1) M. Bernimolin, op. cit., p. 388 et suiv.

l'utilité que retirent des services communaux les catégories d'habitants de même position. »

Certains auteurs allemands ont essayé d'établir *à priori* une classification des fonctions communales, de délimiter le cercle des attributions municipales : c'est là chose purement arbitraire, il n'y a jamais eu de démarcation fixe entre les services qui incombent à l'État et ceux qui incombent à la commune, pour la bonne raison que ces services eux-mêmes ne sont pas fixes et immuables : la milice, la justice rentraient autrefois dans les attributions municipales. Dans presque tous les grands pays européens, l'État met à la charge des localités, certains services qui ne relèvent que de lui seul ; en Belgique, comme en France, d'aillenrs, les communes participent aux dépenses relatives aux casernes, aux justices de paix, aux prisons provisoires. En matière de culte, elles fournissent des subventions pour l'entretien des édifices, elle accordent des indemnités de logement aux pasteurs et ministres ; la voirie est tout entière à leur charge. Le gouvernement a conservé certains pouvoirs de police : le conseil municipal peut rendre des ordonnances, le bourgmestre en assurer l'application, mais la nomination des gardes champêtres ou commissaires de police appartient au pouvoir central ; les frais sont obligatoires pour les communes. L'enseigne·ment primaire constitue en Belgique un service local : c'est le conseil communal qui nomme les instituteurs, la taxe scolaire est devenue facultative, la dotation de l'Etat pourvoit à la majeure partie des dépenses. Quant à l'enseignement secondaire, les villes y participent. Il faut encore signaler aujourd'hui l'enseignement professionnel qui est abandonné à l'initiative privée, mais reçoit des encouragements des villes. Le service de l'assistance enfin appartient à des établissements particuliers, dépendant immédiatement de l'autorité locale, les administrateurs sont élus par le conseil, mais il y a cette particularité que le budget municipal répond du déficit du budget hospitalier. Les États latins ne reconnaissent pas à l'indigent un droit légal au secours, et les communes croient avoir rempli leurs devoirs en se déchargeant sur autrui de ce soin auquel elles affectent certains subsides.

L'on constate aujourd'hui en Belgique, comme dans les autres pays d'ailleurs, un accroissement considérable des dépenses ; ce mouvement ne peut que s'accentuer en raison de l'extension toujours grandissante des fonctions municipales.

Angleterre. — L'on se rappelle le célèbre discours public dans lequel M. Goschen a fait une critique violente de l'administration locale en Angleterre et spécialement en matière financière. Depuis lors deux lois ont introduit dans cette organisation des modifications sérieuses, mais sans la simplifier beaucoup. La distinction entre la ville et la campagne se maintient et les deux principales divisions sont le bourg et la paroisse ; en dehors d'elles, il y a encore presque autant de circonscriptions que de services divers : assistance, salubrité, routes, ayant chacun leur administration, leurs taxes, leurs fonctionnaires ; toutefois dès 1875 l'assistance est réunie à la salubrité, plus tard insensiblement l'administration du bourg absorbe toutes les attributions, l'unification tend à se former pour les paroisses sous la tutelle du *Local government board*. Les lois récentes de 1888 et 1894 ont eu principalement pour effet de donner à ces circonscriptions un caractère démocratique en y établissant des conseils élus. Le bourg et la paroisse, telles sont les deux divisions qui vont seules nous retenir, seules en effet elles ont une importance réelle au point de vue financier.

La paroisse a été laïcisée pour l'organisation de l'assistance publique ; sous l'empire de la loi de 1834, des surveillants des pauvres (overseers) nommés par les juges de paix et assistés de marguilliers (churchwardens) lèvent la taxe des pauvres (poor rate) et acquittent les dépenses ; plus tard la paroisse disparaît devant l'union de paroisses administrée par un « board of guardians », elle n'est plus qu'une circonscription financière pour l'assiette et la perception de la taxe. La loi de 1894 lui rend une partie de sa vie primitive : peu importante, elle a au moins une assemblée paroissiale (parish meeting) présidée par un « chairman », qui établit les taxes dans la limite de six pence par livre de revenu et administre les fondations. La personnalité civile est accordée au collège du chairman et des overseers. Plus importante, la paroisse possède en outre un conseil (parish council) qui constitue le pouvoir exécutif et est investi de la personnalité civile. Le conseil fixe la taxe des pauvres, librement si elle ne dépasse pas trois pence, avec le consentement de l'assemblée dans la mesure de six pence. Les overseers rassemblent les éléments d'appréciation, un comité de répartition prononce et dresse la liste d'évaluation, qui est affichée. Deux fois par an, le « board of guardians » de l'union arrête le chiffre des dépenses et délivre une ordonnance invitant les contribuables à payer ; les overseers dressent les rôles, les soumettent au visa de deux juges de paix et les publient.

Les bourgs (boroughs) sous l'empire de la loi de 1834 ne jouissaient pas tous des mêmes libertés ; grâce aux lois adoptives (1), ils s'étaient dotés d'une organisation plus ou moins complète ; la loi de 1894 les a divisés en trois classes (2) ; l'autonomie des grandes villes a reçu de notables extensions, la situation des bourgs moyens a été respectée, les attributions des bourgs de rang secondaire ont été restreintes, c'est-à-dire ramenées à ce qu'elles seraient sans les lois adoptives. Il appartient au conseil

---

(1) On entend par lois adoptives, des lois votées par le Parlement, mais qui ne s'imposent aux bourgs que dans le cas où l'Assemblée décide de créer tel service. C'était un moyen pour le pouvoir central de garder une certaine direction et d'assurer la sage organisation des divers services ainsi visés.

(2) On distinguait :
Les county boroughs au dessus de 50.000 habitants ;
Les bourgs municipaux de 10.000 habitants à 50.000 habitants.
Les bourgs inférieurs au dessous de 10.000 habitants.

communal (town council) seul d'établir l'impôt, le « borough rate » qui est réparti entre les paroisses, assis et perçu conformément aux règles que nous avons indiquées pour la taxe des pauvres, à moins que le conseil ne décide qu'il sera perçu comme supplément (nous dirions centimes additionnels) et par les mêmes agents. Les juges de paix sont dépouillés de toute autorité financière.

Ainsi administrés, bourgs et paroisses disposent de différentes ressources; en première ligne, il faut placer la taxe des pauvres affectée à l'assistance publique : cet impôt frappe tout possesseur ou bénéficiaire de terres, habitations, dîmes, mines de charbon, bois en exploitation, proportionnellement au revenu de ces biens. Nous venons de voir comment on procède à son assiette, à la confection de la liste d'évaluation.

Les autres recettes se divisent en deux catégories : les unes, ajoutées à la taxe des pauvres à titre de supplément : taxe de comté, de bourg... les autres perçues par des collecteurs spéciaux : taxe de district, de route, etc..., ces deux catégories sont basées également sur la même liste d'évaluation que la taxe des pauvres.

Outre les revenus des propriétés et les taxes, il faut mentionner les subventions (grants in aid) qui ont pris en Angleterre un développement considérable; mais l'abus qui en a été fait, et l'impossibilité pour le gouvernement de pouvoir en arrêter l'extension, ont fait recourir, sauf pour les subventions scolaires, au système des dotations aujourd'hui préféré : attributions sur le produit des diverses licences par exemple (1).

Quant aux taxes destinées aux diverses autorités de district, etc., elles sont perçue dans les districts ruraux par les inspecteurs des pauvres à titre de supplément à la taxe elle-même et en vertu d'un mandat (precept) que leur délivrent ces autorités. Dans les districts urbains, la taxe générale est perçue par des collecteurs spéciaux.

Enfin, l'Angleterre connaît également sous le nom de « private improvement rates », ce que nous avons appelé contributions particulières, taxes de rémunération ; le conseil de district peut en effet les établir en raison de travaux spéciaux dont quelques contribuables profitent tout particulièrement, la loi énumère ces travaux : canalisation d'eau, pavage, etc. (2).

La spécialité se pratique en Angleterre avec une rigueur que nous ne rencontrons en aucun autre pays ; les dépenses sont acquittées sur les ressources mises à la disposition de chacun d'eux par la loi ou le texte qui en autorise l'établissement. Pour la voirie, l'autorité qui est ordinairement le conseil de district ou le conseil de bourg, lève une taxe (highway rate) pour subvenir aux dépenses. L'instruction primaire est communale, le bureau scolaire (school board) se confond le plus souvent avec la municipalité, qui, à ce titre, établit une taxe spéciale et surtout

____

(1) Loi de 1888, art. 20, 1re cédule.
(2) M. Vauthier. *Le Gouvernement local de l'Angleterre*, p. 339.

reçoit des subventions de l'État. Quant à l'enseignement secondaire, il est donné par des établissements privés sous la surveillance de l'État. L'assistance constitue au plus haut point un service communal, nous l'avons vu ; la taxe des pauvres est l'impôt fondamental sur lequel bien d'autres se greffent. Pour le culte, les dépenses en sont acquittées par la paroisse, non plus la paroisse civile, mais la paroisse religieuse avec son assemblée (vestry) ; cette circonscription a perdu aujourd'hui et sa taxe et son droit de contrainte. Enfin la police est communale en ce sens qu'elle dépend d'un comité (watch committee) pris dans le Conseil municipal, mais elle relève de la direction et de la surveillance du gouvernement ; l'Echiquier accorde des subventions.

Enfin nous devons, pour être complet, dire que tous ces services indépendants et étrangers l'un à l'autre en apparence, sont réunis par un lien de commune dépendance vis-à-vis du pouvoir central représenté par le Local government board, qu'on pourrait appeler ministère de centralisation et dont l'intervention se montre de plus en plus envahissante.

En résumé, le droit fiscal de l'Angleterre repose sur ce principe, comme le fait remarquer M. Vauthier (1) : les revenus produits par l'impôt direct, par la contribution personnelle, sont attribués aux administrations provinciales et locales, tandis que l'État fait face aux dépenses

(1) M. Vauthier. op. cit., p. 274.

qui lui incombent au moyen des impôts indirects et de l'impôt sur le revenu. Il y a une restriction en ce qui concerne les subsides, aujourd'hui les dotations. Quant à l'impôt foncier, il n'a plus qu'une existence nominale.

Italie. — C'est en Italie que les communes sont le plus pauvres ; bien que d'une étendue beaucoup plus grande que dans les autres pays, elles ne possèdent pas un domaine productif important ; leur domaine industriel est encore restreint ; quant aux subventions, elles sont peu nombreuses et accordées un peu arbitrairement ; une seule dotation mérite d'être citée : le dixième de l'impôt sur la richesse mobilière. Aussi est-ce aux impôts que la localité italienne demande la majeure partie de ses ressources (1). Si l'on excepte les octrois, bien peu sont très productifs et l'on s'explique ainsi leur nombre considérable. Il y a en effet : des centimes additionnels à l'impôt foncier, des impôts directs sur le bétail, des impôts sur le revenu (taxe sur le loyer et taxe de famille), des octrois et des taxes communales diverses : licences, péages, impôts somptuaires. L'impôt foncier déjà lourd par lui-même supporte encore des centimes additionnels au profit de la province et la part des municipalités est restreinte : aussi le produit en est-il minime ! Parmi les impôts directs, la taxe de famille seule donne un produit assez considérable,

(1) La proportion est de 82 °/o.

mais le taux en est limité par des règlements provinciaux.
Les octrois constituent encore la source la plus abondante des revenus communaux; ils sont établis à l'entrée
pour les villes fermées, à la vente pour les villes ouvertes;
malheureusement les frais de perception en diminuent
beaucoup le rendement.

Si les ressources de la commune italienne sont mesurées,
en retour elle n'a pas à faire face à tous les services qui
incombent en général aux municipalités, l'État en a pris
une bonne part : l'instruction primaire obligatoire et gratuite rentre dans les services municipaux; l'État a posé
lui-même les bases de l'enseignement, il se réserve la surveillance et alloue quelques subventions; les établissements d'enseignement secondaire sont à sa charge. La
localité participe aux frais du culte. Il n'existe pas de loi
générale sur la police qui permette d'en déterminer le
caractère exact; la police sanitaire est évidemment communale ; quant à celle qui assure l'ordre et la sécurité,
il semble qu'elle relève plutôt de l'État qui pourvoit au
traitement des agents supérieurs. Les gardes champêtres
et agents urbains sont seuls rémunérés par les localités.
L'assistance publique forme, comme dans tous les pays
latins, un service distinct confié à des établissements particuliers rattachés plus ou moins directement à l'administration locale ; l'entretien des aliénés est à la charge des
provinces.

Le budget est préparé par la junte municipale, à qui
appartient en Italie le pouvoir exécutif que nous accordons

au maire, il est voté par le conseil et soumis à l'approbation de la junte provinciale.

Allemagne. — Le régime de la commune prussienne a subi, il y a quelques années seulement, une réforme complète. Jusqu'en 1893, les municipalités avaient conservé une liberté presque absolue pour le choix des éléments imposables et pour l'organisation de leur système fiscal en général ; il en était né entre elles une grande diversité de taxation ; la plupart, cependant, demandaient leurs ressources à des taxes superposées à celles de l'État, mais assises et perçues par des administrations spéciales, et surtout à des centimes additionnels aux impôts nationaux, spécialement à l'impôt sur le revenu. La loi du 14 juillet 1893 unifie ce système fiscal et détermine limitativement les taxes dont les communes ont la disposition. Après avoir épuisé les revenus domaniaux et les subventions, les municipalités peuvent établir des rétributions spéciales (gebühren), des contributions particulières (beïtrage) et des impôts proprement dits (steuern). Les rétributions spéciales et les contributions particulières sont la rémunération de services rendus, soit que la commune fonde un établissement ou fasse des aménagements qui profitent à certaines catégories d'habitants, elle doit, sauf le cas où le service est obligatoire, leur réclamer une taxe suffisante pour solder les frais occasionnés de ce chef ; le tarif et la perception en sont soumis à l'autorité supérieure. Pour faire face à l'excédent de dépenses la commune peut recourir aux impôts proprement dits, et parmi ceux-ci la loi distingue : les impôts indirects, les impôts directs réels, abandonnés par l'État et obligatoires : ces impôts foncier et industriel sont destinés aux dépenses qui profitent à la propriété foncière et à l'industrie ; enfin l'impôt sur le revenu, mais ce dernier ne peut exister que sous forme de centimes additionnels à l'impôt d'État et dans certaines limites seulement. Comme on peut le remarquer, la loi de 1893 a pour but d'augmenter les contributions indirectes encore peu développées, de réduire le nombre des centimes additionnels et de réserver ainsi à l'État la totalité de certaines sources très productives, telles que l'impôt sur le revenu. En même temps elle établit une sorte de spécialisation des ressources.

Passons maintenant aux dépenses locales : la police constitue un service d'État, elle est confiée au bourgmestre représentant le gouvernement ou le plus souvent à des fonctionnaires spéciaux nommés par le Roi : mais ce sont les communes qui pourvoient aux dépenses à titre de contribution à un service d'État. Pour le culte, au contraire, elles n'interviennent que dans le cas où elles nomment aux bénéfices, la paroisse d'ailleurs et une association publique qui perçoit ses taxes. En matière de voirie, l'administration locale établit des contributions particulières en compensation de la plus-value donnée aux immeubles riverains. Pour la voirie vicinale, l'État a incité vivement les communes à la développer, mais sans leur prêter beaucoup son concours financier jusqu'ici, elles ont dû recourir à la constitution de syndicats pour l'exécution des travaux et l'entretien des routes ; un conseil, composé de délégués des communes, répartit les frais. L'instruction primaire a été déclarée en principe obligatoire et gratuite, et érigée en service d'État par la constitution de 1850 ; la taxe scolaire tend à disparaître, surtout depuis 1888 et 1889 ; l'État a pris, en effet, à sa charge, par voie de subvention, la majorité des frais ; en retour le gouvernement intervient davantage dans la direction du service : l'instituteur est choisi par l'autorité administrative du district, comme en France par le préfet. L'enseignement secondaire est tout entier à la charge du pouvoir central. Quant à l'assistance publique, elle pèse essentiellement sur la localité ; la loi en a délimité l'obligation en posant les règles précises pour la détermination du domicile de secours. On remarque en Prusse une tendance assez prononcée à confier une partie de ce service, l'assistance des indigents sans domicile, à des associations de communes formant de vastes circonscriptions, mais ce procédé offre un sérieux inconvénient : les complications d'organisation et de comptabilité.

L'administration de la ville est confiée à un collège exécutif, assisté d'une assemblée délibérante, le « magistrat » composé du bourgmestre, d'adjoints et d'échevins ou conseillers ou quelquefois seulemenl le bourgmestre élu par le conseil municipal ; les communes rurales (1) ont un maire et des échevins élus pour six ans ; si elles comptent plus de 3.000 habitants, le préposé est élu pour douze ans et rétribué (2), elles sont réunies en bailliages à la tête desquels se trouve un bailli, sorte de maire cantonal. Le budget est préparé par le comité exécutif ou le maire ; il offre cette particularité qu'il peut être voté pour plusieurs années, trois ans au maximum, et que la publicité en est assurée par un affichage de deux semaines (3). Le gouvernement garde un droit de surveillance et dans le cas où des dépenses obligatoires ou extraordinaires ne seraient pas votées, le Président de la régence peut en requérir l'inscription au budget ou y pourvoir d'office. La commune peut exercer un recours en adressant une plainte au tribunal administratif supérieur.

(1) Si du moins elles comptent 40 électeurs. (Loi du 3 juillet 1891, art. 49.) *Ann. lég. ét.*, *loc. cit.*

(2) Loi du 3 juillet 1891, art. 54. *Ann. lég. ét.*, *loc. cit.*

(3) Loi du 3 juillet 1891, art. 119. *Ann. lég. ét.*, *loc. cit.*

CHAPITRE II

Le budget approuvé est adressé à la fois au maire par l'intermédiaire du sous-préfet et au receveur municipal par l'intermédiaire du Trésorier général : ce sont en effet les deux agents spécialement préposés à l'exécution du budget. Le décret du 31 mai 1862 (article 14) pose le principe de la distinction des attributions : « Les administrateurs et les ordonnateurs sont chargés de l'établissement, et de la mise en recouvrement des droits et produits, ainsi que de la liquidation et de l'ordonnancement des dépenses. Des comptables responsables sont préposés à la réalisation des recouvrements et des paiements. » Dans la commune, le maire est administrateur-ordonnateur ; le comptable, c'est le receveur. Nous suivrons, pour étudier le rôle de chacun, la division générale du budget en recettes et dépenses.

SECTION I. — RECOUVREMENTS.

La loi distingue deux catégories de recettes :

1° Les taxes particulières dues par les habitants ou propriétaires en vertu de lois ou usages locaux, perçues comme en matière de contributions publiques, c'est-à-dire au moyen de rôles nominatifs rendus exécutoires par le préfet (article 140).

2° Les recettes pour lesquelles les lois et règlements n'ont pas prescrit un mode spécial de recouvrement, s'effectuent sur les états dressés par le maire. Ces états sont exécutoires après qu'ils ont été visés par le préfet ou le sous-préfet. (Article 154.)

Au point de vue de l'établissement des droits, on pourrait encore distinguer certaines recettes qui ne rentrent pas dans cette seconde catégorie : les unes sont encaissées en vertu de baux, jugements, titres exécutoires par eux-mêmes... pour les autres, le titre n'est établi qu'après l'encaissement : recettes accidentelles (1); mais à part cette différence d'origine, elles lui sont assimilées par la suite.

Ces deux catégories diffèrent par plus d'un côté :

1° Au point de vue du titre d'abord, nous venons de le voir, pour la première, le préfet seul rend les rôles exécutoires ; pour la seconde il suffit d'un état dressé par le maire et visé par le préfet ou le sous-préfet (2).

2° Au point de vue des réclamations, pour la première catégorie elles sont portées devant le conseil de préfecture, comme pour les contributions directes ; pour la

(1) Circulaire du ministère des finances, 1861.
(2) Les mots « par le Préfet ou le Sous-Préfet » ont uniquement

seconde en pratique, c'est le préfet qui prononce après délibération du conseil municipal en même temps que sur l'admission en non-valeurs.

3° Au point de vue de la prescription, (1) les receveurs municipaux qui n'auraient fait aucune poursuite contre les contribuables en retard pendant trois années consécutives, à dater du jour où le rôle leur aura été remis, perdent leur recours et sont déchus de tout droit et de toute action envers eux, ceci pour la première catégorie ; pour les autres recettes, la prescription est de trente ans.

4° Au point de vue des poursuites, elle ont lieu, pour les taxes assimilées, par voie de contrainte décernée par le receveur des finances (2) et suivie du commandement, de la saisie et de la vente ; parmi les autres, il y a une distinction sur laquelle nous reviendrons (3).

5° Au point de vue de l'opposition aux poursuites, elle est tranchée, pour les premières, comme en matière de contributions directes, c'est-à-dire « par les conseils de

pour but d'indiquer que, dans l'arrondissement chef-lieu, le visa est donné par le Préfet, mais le Préfet ne pourrait pas se substituer au Sous-Préfet dans les autres arrondissements pour ce visa. Le maire seul a qualité pour dresser ces actes de recouvrement ; le préfet ne pourrait valablement les établir, sauf au cas de refus ou de négligence du maire (art. 85.) Note Desbats, op. cit., p. 385.

(1) Loi du 3 frimaire, an VI, art. 149.
(2) Inst. gén. fin. de 1859, art. 851.
(3) Voir infrà.

préfecture « toutes les fois que la contestation doit être dé-
cidée par l'application des règles spéciales établies par le
législateur pour le recouvrement de l'impôt, par les tribunaux civils, lorsque la contestation exige l'application des
dispositions du droit commun » (1) ; pour les autres, outre
qu'elle doit contenir assignation à jour fixe et non seulement à huitaine franche (2), elle est jugée par les tribunaux comme en matière sommaire, le maire peut y défendre au nom de la commune sans autorisation du conseil
de préfecture (art. 121-154, loi de 1884), la Cour de cassation a décidé que, dans ce cas, l'opposant conserve le
rôle de défendeur (3).

La jurisprudence introduit encore une autre différence : « le tribunal de Gap, en 1882, a jugé que le privilège établi au profit du Trésor public par l'art. 1ᵉʳ de la
loi du 12 novembre 1808 sur les meubles des redevables
et sur les fruits et revenus des immeubles sujets à la contribution, pour le recouvrement des contributions directes, est applicable au profit des communes pour le recouvrement des contributions communales dont parle
l'article 140. » (4) Nous doutons beaucoup que la Cour de
cassation vienne un jour confirmer cette jurisprudence et
étendre à la commune le privilège que la loi de 1808 n'ac-

----

(1) Durieu. *Traité des poursuites en matière de contributions
directes*, p. 377, t. I.
(2) Cons. Et.....
(3) C. de cass., 16 av. 1877. S. 77. 1. 412.
(4) Desbats, op. cit., p. 384.

corde qu'au Trésor public, s'appuyant pour régler une question qui touche le fond même du droit sur l'art. 140 qui n'en concerne que la forme.

Nous avons vu le rôle du maire en matière de recouvrements : à lui revient l'établissement du titre ; seul, il en possède le droit, et le préfet n'aurait pas qualité pour se substituer à lui, sauf au cas de refus ou de négligence de sa part (art. 85, loi de 1884). La Cour de cassation a admis toutefois que l'état dressé par le receveur municipal, sous la signature du maire, peut être valable (1). En tout cas, le titre une fois établi et approuvé, le maire n'a plus le pouvoir de le modifier (2).

Nous avons signalé les différences qui séparent les deux catégories de recettes établies par la loi ; il nous reste maintenant un mot à dire de l'agent chargé du recouvrement : le receveur municpal dans les communes qui ont plus de 30.000 francs de revenus, le percepteur dans les autres.

La loi de 1884 pose le principe : « Les recettes et dépenses communales s'effectuent par un comptable, chargé seul et sous sa responsabilité de poursuivre la rentrée de

______

(1) C. de cass., 28 janvier 1874.

(2) Règlement sur la comptabilité de la Ville de Paris, art. 57 : « Aucune créance de la ville ne peut être rayée de son actif, qu'en vertu d'une délibération du Conseil municipal approuvée par le Préfet. Mais il est réservé au Préfet seul d'autoriser, par des arrêtés motivés, le redressement des doubles emplois et autres erreurs matérielles qui seraient reconnues dans les rôles ou autres titres de perception. »

tous revenus de la commune et de toutes sommes qui lui seraient dues, ainsi que d'acquitter les dépenses ordonnancées par le maire, jusqu'à concurrence des crédits régulièrement accordés (1). » En pratique, le receveur municipal, dans une ville quelque peu importante, ne fait que centraliser les fonds perçus par des agents spéciaux à chacun des services municipaux : il en est ainsi pour les droits d'octroi, de pesage, de mesurage, de stationnement, pour le produit des actes de l'état civil, enfin toutes taxes pour lesquelles les règlements, établissant la perception conformément à l'article 68, § 7 de la loi de 1884, ont fixé ce mode. Cette situation était reconnue par l'instruction générale des finances de 1859 (2). Il n'est pas sans intérêt de signaler ici le caractère anormal qu'elle présente : la loi de 1884 consacre le principe de la responsabilité d'une manière formelle, et cependant aucun texte n'organise, au profit du receveur municipal, le contrôle qu'implique nécessairement toute responsabilité.

La Cour des comptes (3) reconnaît au receveur muni-

(1) Loi de 1884, art. 153.

(2) Int. gén. fin. de 1859, art. 919. 925 et 926.

(3) Cour des comptes, 4 déc. 1895 et 25 mai 1893, cités par le Mémorial des percepteurs 1896, p. 144 et 357.

L'un des considérants du second arrêt porte :

« Attendu qu'il ressort de ce que le receveur municipal répond seul devant l'autorité qui juge ses comptes, de l'universalité des recettes et des dépenses communales, que les comptables subordonnés appelés à effectuer des opérations au nom du comptable supérieur, doivent accepter sa direction en tout ce qui ne concerne pas leurs attributions purement administratives. »

cipal la « direction » de ces agents subordonnés et de ce chef lui fait assumer la responsabilité de leur gestion. Le Conseil d'État (1) a confirmé cet arrêt, mais c'est en raison des circonstances du fait ; il n'a pas reproduit cette doctrine, il n'en parle même pas. La *Revue des services financiers* (2) observait à propos de l'arrêt de la Cour des comptes : « Est-il exact que les receveurs municipaux aient un droit de surveillance et de direction sur les agents préposés par les municipalités au recouvrement de divers produits communaux et qu'ils soient notamment obligés de contrôler les registres de ces agents ? » On peut répondre : en fait, non. Depuis, la question n'a pas fait un pas, cependant, plus que jamais, ces services se multiplient ; cette lacune est urgente à combler ; c'est faire supporter aux comptables la responsabilité de fautes contre lesquelles ils ne sauraient se couvrir ; les dures conséquences que cette situation peut avoir, devraient suffire à provoquer une réforme à bref délai.

Les receveurs municipaux sont chargés sous leur responsabilité de faire toutes les diligences nécessaires et répondent tant de l'actif immobilier que des droits mobiliers. Ils reçoivent pour cela tous les rôles et titres de perception que doit seul leur transmettre le receveur des finances : c'est pour lui un contrôle qui permet de connaître les recouvrements dont sont chargés les compta-

____

(1) Conseil d'État, 21 mai 1897.
(2) *Revue des services financiers,* année 1895, p. 486.

bles. D'autre part ces rôles déterminent le montant de la taxe exigible, les comptables ne peuvent l'excéder sans opérer des perceptions illégales qui les rendraient passibles des peines de la concussion ; ils doivent sous leur responsabilité vérifier la légalité de la taxe et du tarif, toutefois l'ordre de l'administration leur ouvre contre elle un recours en garantie.

Pour l'exécution des titres, les receveurs doivent prendre toutes les mesures nécessaires et en particulier faire toutes poursuites utiles pour encaisser les sommes dues à la commune. Les moyens mis à leur disposition en cette matière varient avec le caractère de la taxe : c'est par voie de contrainte délivrée par le receveur des finances et de sommation avec frais, suivie de commandement, de saisie et de vente pour les taxes assimilées aux contributions directes : taxes d'affouage, de pavage, de trottoirs, prestations, etc..... (1) ; pour les taxes non assimilées aux

(1) Pour les taxes assimilées aux contributions indirectes, c'est au moyen d'une contrainte délivrée par le receveur municipal, visée par le Maire, rendue exécutoire par le juge de paix et signifiée par huissier : octrois, droits de place, de mesurage, de pesage, etc.....

MM. Blanchon et De Celles, dans le Dictionnaire des Percepteurs et des Receveurs des communes (tome II, p. 422), ont reproduit dernièrement cette division. Elle se fonde sur deux arrêts de la Cour de cassation, l'un du 15 janvier 1889, où il est dit : « La taxe d'abatage perçue par kilo de viande nette sur les animaux tués dans un abattoir municipal est un droit, qui, par sa nature, rentre dans la catégorie des impôts indirects (Loi du 11 frimaire, an VII, tit. 1, art. 7. — Loi du 18 juillet 1837, art. 31. — Loi du 5 avril 1884, art. 133).

L'autre du 18 avril 1893, dont les principaux considérants sont :

contributions, c'est en vertu des états rendus exécutoires par le sous-préfet que le comptable fait signifier un commandement par ministère d'huissier et procède ensuite à la saisie ; enfin pour les sommes dues en vertu d'un titre exécutoire : acte enregistré, jugement, etc.... c'est sur ce titre que se basent les poursuites.

Le receveur municipal constate les recouvrements par la délivrance d'une quittance à souche au débiteur et l'émargement en regard du nom sur le rôle des taxes.

« Sur le moyen soulevé d'office, et vu les articles 88 de la loi du 5 ventôse an XII et 133 de la loi du 5 avril 1884 ;

Attendu qu'il résulte de ces articles que les contestations qui s'élèvent en matière de contributions indirectes ou de taxes assimilées sont portées devant les tribunaux de première instance, prononçant dans les mêmes formes qu'en matière de contestations relatives à la perception des droits d'enregistrement ;

Attendu que la taxe litigieuse (dans l'espèce, une taxe de pesage) n'étant autre chose que l'un des droits énumérés dans l'article 133 de la loi du 5 avril 1884, il s'agissait dans l'espèce d'un droit rentrant dans la catégorie des impôts indirects ;

Que, par suite, le litige devait être jugé en premier et dernier ressort par le Tribunal de première instance, en suivant le mode d'instruction spéciale susindiqué, et que la Cour d'appel était incompétente pour en connaître *ratione materiæ ;* qu'en statuant comme elle l'a fait, elle a violé une règle d'ordre public. Casse. »

M. Morgand (tome II, p. 400) ne fait pas cette sous-distinction et fait rentrer cette catégorie dans le droit commun, en se basant sur l'article 134.

C'est aussi l'avis auquel nous nous rallions.

Section II. — Dépenses.

Le décret du 31 mai 1862 distingue relativement aux dépenses : la liquidation et l'ordonnancement qui relèvent du maire, le paiement qui rentre dans les attributions du receveur municipal.

En vertu du pouvoir exécutif dont il est le représentant dans la commune, le maire engage les dépenses ; il jouit pour cela d'une grande liberté, d'une véritable indépendance, à la condition toutefois de rester dans les limites que lui assignent les crédits et de se soumettre aux affectations spécifiées par le conseil municipal. C'est à lui qu'est réservé l'emploi des ressources. Cependant, si, en présence d'un crédit régulièrement ouvert pour une dépense facultative, il refuse d'effectuer la dépense votée, qui pourra l'y contraindre ? Le conseil municipal en tout cas est désarmé. Le maire serait-il plus puissant qu'un ministre ! Tandis que celui-ci, après une interpellation, devrait se retirer devant un blâme de la Chambre, rien n'oblige celui-là, même mis en minorité, à abandonner sa volonté. Le Conseil d'État a consacré, en cette occurrence, le droit du préfet de nommer un délégué par application de l'article 85 (1), mais, dans cette décision, il ne

(1) Le Conseil d'État, par un arrêt du 8 juin 1888, a reconnu le

se prononce pas d'une manière générale ; en tout cas, il est douteux que le préfet intervienne toujours ; l'article 85 susvisé ne lui en donne le droit que « pour les actes qui lui (au maire) sont prescrits par la loi ».

Si, au contraire, le maire veut employer les crédits à sa fantaisie, il se heurtera devant un refus de paiement par

droit du Préfet de nommer un délégué pour employer un crédit voté et non annulé. (Lebon, 1888, p. 488).

Dans l'espèce :

Vu les observations du Ministre de l'Intérieur, tendant au rejet du recours par les motifs que le budget de la commune de B..., contenait un crédit de 100 francs pour la distribution des prix de l'école primaire, que le maire avait le devoir de prendre les mesures nécessaires pour l'emploi de ce crédit ; qu'en présence de son refus de procéder à la distribution des prix ainsi qu'il en avait été requis, le préfet était en droit de charger le président de cette fête de prendre toutes les mesures nécessaires pour qu'elle pût avoir lieu ; que la lettre du préfet du 12 juillet, avertissait le maire et ne pouvait le laisser ignorer qu'en cas d'inertie de sa part les livres de prix seraient achetés d'office ; que cette acquisition ayant eu lieu dans ces conditions a été régulièrement faite ; que son remboursement constituait une dette liquide et exigible, que le Conseil municipal ne pouvait plus contester, et dont le paiement pouvait être ordonnancé d'office par le préfet....

Au fond :

Considérant,..... que si cette dépense n'était pas obligatoire, elle avait été prévue et consentie par le Conseil municipal, qui avait inscrit à cet effet un crédit de 100 francs au budget de 1884, régulièrement approuvé par le préfet, et que ledit Conseil municipal n'avait pris aucune délibération au moment où l'arrêt attaqué est intervenu ; que, dans ces circonstances, après le refus du maire de mandater ladite somme, il appartenait au préfet d'assurer par voie de mandatement d'office, le paiement d'une dépense régulièrement effectuée.......

(Rejet).

le comptable ou verra mettre à sa charge, lors de l'approbation de son compte administratif, les dépenses dont l'affectation se trouve erronée ou contraire aux volontés du conseil municipal. Il est un crédit, cependant, pour l'emploi duquel le maire jouit d'une liberté plus grande, c'est celui des dépenses imprévues. Voté sur les ressources ordinaires, il ne peut être réduit; il est destiné aux dépenses (1) qui relèvent des pouvoirs d'administration ou de police du maire, tels que : interrompre une prescription, prévenir un accident..... et dans cette mesure le maire est seul appréciateur de l'opportunité des dépenses imputées sur ce crédit, sauf à en rendre compte au conseil municipal dans la première session.

§ 1. — Liquidation.

Le maire est donc libre d'engager les dépenses, mais la dépense faite, il ne lui appartient plus d'en refuser ou même retarder sans motif le paiement. Sur la production par le créancier d'un mémoire certifié détaillant et justifiant le service rendu, il arrêtera le chiffre exact de la

---

(1) Ces dépenses imprévues doivent n'avoir pas été rejetées par le Conseil municipal, ne pas appartenir à un exercice différent de celui du budget, ne pas être contraires aux lois, ne pas être soumises à des formalités spéciales de vote ou autorisation. Toutefois il a été admis par la circulaire du 20 avril 1834, que les excédents de dépenses constituaient de véritables imprévus.

dette, c'est ce qu'on appelle la liquidation. En principe
cette opération relève uniquement de l'administration ;
toutefois, si, à la demande du fournisseur, celle-ci oppo-
sait un refus ou voulait réduire injustement la créance, le
différend pourrait être porté devant les tribunaux ordinaires, le principe de la séparation des pouvoirs n'y fait
nullement obstacle, il s'agira le plus ordinairement de
l'interprétation d'un contrat, de l'appréciation de services.

Il faut en effet bien distinguer en cette matière : le
créancier de la commune possède un engagement en
vertu duquel il a le droit d'exiger d'elle une somme à
déterminer en raison de certaines circonstances ou considérations : c'est un entrepreneur qui a exécuté des travaux,
c'est un commerçant qui a livré des marchandises, c'est
un ouvrier qui a fourni ses services, la dette est incontestable, mais avant tout il s'agit d'en apprécier le montant.
M. Stourm a très bien défini cette opération : « la détermination administrative du montant de la dette vis-à-vis
des créances, après examen des pièces justificatives (1) ».
La liquidation aboutit à la délivrance du titre, c'est-à-dire
de l'écrit constatant le chiffre de la dette. Reste ensuite à
obtenir l'exécution.

Il appartient à l'administration de procéder à la liquidation, c'est elle qui a donné les ordres, imposé les cahiers
des charges, mieux que quiconque elle est à même de juger

____

(1) M. R. Stourm, op. cit., p. 490.

s'ils ont été observés ; elle se fait remettre pour cela par le créancier les notes, décomptes, marchés, certificats de réception, etc..., qui établissent l'exécution du contrat, elle vérifie et fixe définitivement le chiffre de la dette. Elle établit alors ce qu'on appelle les droits constatés.

Il n'en est pas toujours ainsi, on doit le reconnaître, un différend peut surgir, c'est alors à la justice à prononcer, juridiction administrative ou tribunaux ordinaires, suivant les cas et selon des règles de compétence que nous n'avons pas à retracer ici.

Ce qu'il faut remarquer, c'est que rien ne s'oppose à la compétence judiciaire pour l'établissement d'un titre, la reconnaissance d'une dette, car il n'y a rien de plus ici ; le jugement qui interviendrait ne dispose en rien des deniers municipaux. Où apparaît le principe de la séparation des pouvoirs, et alors il se dresse comme un obstacle absolu, c'est au moment de l'exécution, de la mainmise sur les biens et deniers de la commune. Nous y reviendrons à propos de l'ordonnancement.

A quelle époque doit avoir lieu la liquidation ? Le budget pourvoit aux services faits pendant l'année dont il prend le nom, mais il embrasse les opérations exécutées à la fois durant cette année et postérieurement pendant une partie de l'année suivante : pour la commune, les trois premiers mois. Aucun texte ne fixe une durée moindre pour la liquidation spécialement, mais en raison de l'obligation faite au maire (1) d'ordonnancer toutes les

(1) Décret du 31 mai 1862, art. 506.

dépenses de l'exercice avant le 15 mars de l'année suivante, la même limite s'impose pour la liquidation qui précède nécessairement l'ordonnancement.

La liquidation a pour effet de fixer le chiffre d'une dette, mais elle ne crée au profit du créancier aucun nouveau droit; elle peut intervenir avant que la dette soit exigible, ou pour une dépense d'un exercice antérieur et clos, ou avant que le crédit soit voté; le créancier dans ces différents cas devra attendre l'arrivée du terme ou l'ouverture d'un crédit pour obtenir l'ordonnancement et pouvoir ensuite se faire payer.

§ 2. — Ordonnancement.

« L'ordonnancement est la confection du titre en vertu duquel le créancier peut obtenir le paiement des sommes liquidées à son profit. » (1). Dans la pratique, on ne distingue pas la liquidation de l'ordonnancement, celui-ci, résultant directement de la première et s'accomplissant par la même personne : le maire signe ensemble ordinairement et le mémoire et le mandat. Cependant une dette liquide et exigible peut n'être pas payable, elle ne l'est en effet qu'après l'ordonnancement.

En matière de comptabilité publique en général, et la comptabilité communale est une espèce de ce genre,

(1) M. R. Stourm. Le budget, p. 490.

l'agent préposé au maniement des fonds ne se confond
jamais avec celui qui engage les dépenses. Ce grand principe, dont l'application générale en France ne date que du
début de ce siècle, existe depuis longtemps : les Romains
en faisaient un axiome de comptabilité et l'une des bases
de leur organisation financière, au dire de certains auteurs : M. le procureur général Humbert (1) nous montre
cette distinction entre ordonnateurs et comptables, entre
censeurs et questeurs. Elle a existé dans notre ancien
droit : une ordonnance de saint Louis en 1262 distinguait le receveur communal, nous l'avons vu (2), comme
un fonctionnaire à qui était réservé exclusivement le maniement des deniers, mais le procédé le plus général à
cette époque était celui des ressources spécialisées : les
collecteurs encaissaient les taxes ou recevaient des subventions, payaient les dépenses auxquelles elles étaient
affectées et reversaient l'excédent au Trésor ; ainsi prati-
quaient les divers « compteurs » à Amiens au xve siècle (3),
comme la plupart des officiers de finances d'ailleurs sous
l'ancien régime.

L'ordonnance du 4 septembre 1822, reproduite par celle
de 1838, maintenait une incompatibilité absolue entre les
fonctions d'ordonnateur et celles de receveur et payeur (4) ;

____

(1) Discours à l'audience solennelle de rentrée de la Cour des
comptes, le 4 novembre 1879, *Journal officiel*, 1879, p. 10012.

(2) V. supra.

(3) De Calonne, op. cit. V. supra.

(4) Antérieurement les arrêtés du 29 frimaire, an IX (art. 5) et du

le décret du 31 mai 1862, en reproduisant ces textes, a consacré définitivement ce principe dans notre organisation financière; l'heureuse expérience qui en a été faite et sa valeur incontestée nous dispensent d'insister longuement sur les nombreux avantages dont il est la source, la garantie qu'il présente à la fois pour les légitimes intérêts des parties prenantes et ceux non moins respectables du Trésor national, enfin ce contrôle mutuel de chaque instant, et l'alternative pour le comptable, d'assumer les conséquences de la faute de l'ordonnateur, ou de l'éclairer sur ses erreurs et de décliner ainsi toute responsabilité. La sanction de ce principe se résume, pour l'ordonnateur qui s'est immiscé dans le maniement de deniers publics, dans la déclaration de comptabilité occulte et l'obligation de rapporter sur ses opérations un compte appuyé des pièces justificatives réglementaires. Nous aurons l'occasion de revenir brièvement sur ce sujet un peu plus loin.

Dans la commune, « le maire peut seul délivrer des mandats », dit l'article 152. Toutefois, il faut entendre par là le maire ou la personne chargée d'en faire fonction, en cas d'absence ou d'empêchement (1) ou en vertu d'un arrêté spécial de délégation (2). « Dans le cas particulier

19 vendémiaire an XII, la Constitution du 28 pluviôse an VIII et la loi du 16 septembre 1807, avaient posé le même principe.

(1) Loi de 1884, art. 84.
(2) Loi de 1884, art. 82.

où le maire serait lui-même créancier de la commune, il ne pourrait pas se délivrer à lui-même un mandat, il devrait laisser à son adjoint le soin d'ordonnancer (1). Nous avons vu à propos de la liquidation des dépenses que l'ordonnancement peut être fait jusqu'au 15 mars de la deuxième année de l'exercice (2); passé cette date, les crédits demeurés sans emploi doivent être reportés ou réouverts au budget de l'exercice pendant lequel la clôture a lieu ; après seulement, les droits constatés peuvent être ordonnancés sur les nouveaux crédits. Aucune déchéance, semblable à celle qui existe pour l'État, n'est admise en faveur des communes.

L'ordonnancement, pour être régulier, doit satisfaire à deux conditions :

1° Les dépenses doivent être exactement imputées sur les crédits destinés à y pourvoir. Cette obligation s'impose si l'on veut que la volonté du conseil municipal soit respectée ; étant donné que le vote du budget se fait par articles, et que le cadre en est fourni par l'administration départementale, il n'est pas facile aux autorités locales de s'y soustraire. Elles doivent avoir recours pour cela aux deux procédés, trop connus malheureusement, les virements et les mandats fictifs. Le virement est l'application aux dépenses d'un article du crédit voté sous un autre ar-

---

(1) *Bull. off.* min. int. 1859, p. 109, cité par M. Morgand, t. II, p. 391.

(2) Décret du 31 mai 1862. art. 506.

ticle trop largement doté. La pratique en est strictement interdite aux ordonnateurs (1), seule l'autorité qui a réglé le budget peut, sur la demande du conseil municipal, les autoriser. Quant aux mandats fictifs, nous en renvoyons l'étude avec celle de la gestion occulte dont ils ne sont qu'une forme.

Pour assurer l'exécution de ce principe de la spécialité des crédits, le décret de 1862 porte que tout mandat ou ordonnance doit énoncer le crédit et l'exercice auxquels s'applique la dépense.

2e Les crédits ne doivent pas être dépassés. Cette règle repose sur la même raison que la précédente et sur ce fait que les crédits sont limitatifs. Ce serait en effet rendre absolument illusoire et le vote et le règlement du budget, livrer aux fantaisies de l'ordonnateur tous les services communaux, si la loi lui permettait d'imputer ainsi sur tel crédit de son choix les dépenses les plus diverses. On en reviendrait de la sorte au système du « vote en bloc » de la monarchie, au despotisme financier le plus absolu et le plus arbitraire, sous le couvert du régime parlementaire.

Si les crédits ne peuvent pas être dépassés, *a fortiori* peut-on dire que les municipalités ne doivent pas engager de dépenses sans avoir pourvu aux moyens d'en assurer l'acquittement. Le Ministre de l'Intérieur rappelait encore

____

(1) Décret du 31 mai 1862, art. 502 et Inst. gén. fin. de 1859, art. 982.

dernièrement (1) cette prescription en montrant quelques-
uns des abus qui résultent de son inobservation : « De
semblables errements ont pour effet de grever les budgets
de dettes arriérées, que les recettes normales ne permettent
pas d'amortir ou qui ne pourraient être acquittées qu'au
détriment des services municipaux essentiels. Le recours
à l'emprunt ne tarde pas à s'imposer et le gouvernement,
en présence des faits accomplis, se trouve dans cette alternative, ou de couvrir les irrégularités commises en autorisant l'opération, ou dans le cas contraire de laisser
les communes aux prises avec les plus graves embarras
financiers. »

L'observation de ces prescriptions est assurée par une
sorte de contrôle que doit exercer le comptable ; nous y
reviendrons à propos de la responsabilité de celui-ci à
l'occasion du paiement. Nous devons signaler toutefois ici
une exception partielle à la deuxième règle : le maire a la
libre disposition du crédit « Dépenses imprévues », sous
les conditions d'en rendre compte au conseil municipal
dans la première session qui suit chaque ordonnancement,
de ne pas imputer sur ce crédit des dépenses prohibées
par la loi, rejetées du budget, afférentes à un exercice
antérieur ou soumises à des formalités spéciales d'autorisation. On admet que les excédents de dépenses, de peu
d'importance, peuvent être couverts au moyen de prélèvements sur ce crédit.

(1) Circulaire du 16 mai 1892. Extrait du *Journal des Maires,*
année 1896, p. 154.

Quels sont maintenant les effets de l'ordonnancement régulier? L'ordonnancement consiste dans la délivrance au créancier à la fois du titre qui constate le chiffre exact de sa créance sur la ville et d'un ordre au comptable d'avoir à lui remettre la somme portée audit titre. La comptabilité communale offre ceci de particulier, comme toute comptabilité publique d'ailleurs, que les deniers sont frappés d'une affectation rigoureuse : la municipalité ne peut disposer des fonds communaux que selon les prévisions qui figurent au budget, et le comptable ne peut s'en dessaisir que sur un ordre spécial de l'ordonnateur : il ne suffit pas de se porter créancier, de posséder même un titre exécutoire, il faut encore l'autorisation, le mandat.

Qu'arrive-t-il alors si le maire ou son délégué refuse d'ordonnancer? L'article, 152, § 2, donne la solution.[« S'il refusait d'ordonnancer une dépense régulièrement autorisée et liquide, il serait prononcé par le préfet en conseil de préfecture, et l'arrêté du préfet tiendrait lieu du mandat du maire. » Toutefois ce droit n'est pas absolu et l'exercice en est soumis à plusieurs conditions; il faut d'abord que la créance soit liquide, en ce sens que la nature et le chiffre en soient incontestables et incontestés, sinon il y a une question préjudicielle que le préfet doit laisser trancher au préalable; il faut encore et surtout que la dépense figure au budget et ceci comprend la dépense votée régulièrement par le conseil municipal et approuvée, comme celle qui, en vertu de son caractère obligatoire, a été inscrite d'office par l'autorité qui règle le budget; c'est dans ce cas spécial que l'ordonnancement d'office sera le plus fréquent, on le comprend aisément.

Nous avons vu que l'inscription au budget, lors de son élaboration, ne crée aucun droit, pas plus au profit de la commune que dans l'intérêt de ses créanciers, elle a pourtant, jusqu'à un certain point, un effet réel : pour toute dépense inscrite au budget, le préfet acquiert le droit d'ordonnancer d'office, en cas de refus du maire. Le conseil municipal, seul, ne peut pas y mettre obstacle ; pour les dépenses obligatoires cette conséquence s'impose, attendu qu'il ne peut les supprimer qu'avec l'autorisation préfectorale ; pour les dépenses facultatives, le Conseil d'État distingue : il voit dans une dépense annale un engagement du conseil qui ne lui permet pas de la supprimer au cours de l'année (1), exemple : subvention...; pour les autres, le droit du préfet s'évanouit devant une délibération du conseil municipal rayant le crédit du budget (2).

Enfin, dans le cas où la commune possède un domaine privé, le créancier peut, en vue d'obtenir l'acquittement de sa créance, demander la vente de biens soit mobiliers, soit immobiliers, qui en font partie, mais il doit pour cela s'adresser à l'administration et obtenir un décret du Président de la République (3); la ville est libre de choisir les

(1) Conseil d'État, 22 juin 1888 et 10 mai 1889.
(2) Conseil d'État, 8 juin 1888.
(3) Loi de 1884, art. 110.

biens dont le dessaisissementprésente le moins d'inconvénients pour elle, le décret d'autorisation détermine les
formes de la vente.

Le créancier peut obtenir d'être désintéressé en dépit du
refus arbitraire de la municipalité, mais, comme nous
l'avons vu, c'est toujours à la condition de recourir à
l'administration (préfet ou Président de la République) il
reste à sa discrétion. Cependant un jugement a pu, dans
certains cas, constater ses droits ; qu'il émane d'une juridiction administrative ou d'un tribunal ordinaire, il n'en
donne pas moins naissance à une hypothèque judiciaire
générale, que devient celle-ci ?

Nous abordons ici une question dont on a longtemps
méconnu l'importance parce qu'elle ne s'était jamais posée ;
elle a, dans ces dernières années, fait l'objet de discussions
très vives et très intéressantes.

Bien que le pouvoir judiciaire ait eu à se prononcer à
plusieurs reprises, la jurisprudence n'est pas encore fixée ;
la doctrine, de son côté, est divisée ; la question se pose
en ces termes : l'hypothèque judiciaire est-elle possible
sur les biens du domaine privé de la commune ? L'inscription en est-elle valable ? L'opinion la plus ancienne a été
consacrée successivement par un jugement du tribunal
civil, un arrêt de la Cour d'appel d'Agen (1) ; la Cour de
cassation (2) est venue clore définitivement le débat en

____

(1) Jugement du Tribunal civil d'Agen, en date du 12 décemb. 1891.
Arrêt de la Cour d'appel d'Agen, en date du 18 juillet 1892.
(2) Arrêt de la Cour de cassation, en date du 18 décemb. 1893.

confirmant purement et simplement, comme les décisions antérieures l'avaient fait, la validité de l'inscription hypothécaire. Nous allons résumer succinctement les principaux arguments sur lesquels se basait ce système :

Et d'abord l'hypothèque judiciaire est possible : les communes, en effet, sont soumises au droit commun aussi longtemps qu'aucun texte spécial et formel ne vient les y soustraire, leurs biens sont dans le commerce ; d'ailleurs la vente en est formellement permise, l'hypothèque conventionnelle même est autorisée, rien ne s'oppose donc à ce que l'hypothèque judiciaire existe, les effets n'en diffèrent pas. D'ailleurs une condamnation peut être prononcée contre une commune, ce que la loi empêche, c'est l'exécution judiciaire, l'exécution en dehors de l'administration. Elle a d'ailleurs été autorisée à défendre au procès, par suite à en subir les conséquences, au nombre desquelles se trouve l'hypothèque ; et de plus cette autorisation n'est pas nécessaire, pas plus pour la commune que pour le prodigue qui ne peut hypothéquer valablement par convention, mais sur les biens duquel l'hypothèque judiciaire produit tous ses effets.

L'hypothèque judiciaire étant possible, pourquoi l'inscription ne serait-elle pas valable? Elle est « avant tout un acte conservatoire en même temps qu'un moyen d'exécution », acte conservatoire vis-à-vis de la commune pour assurer le paiement, moyen d'exécution vis-à-vis des tiers seulement, qui ne jouissent pas de l'immunité accordée à la commune pour l'exécution; il leur faudrait pour cela un texte formel.

D'ailleurs l'inscription de l'hypothèque ne présente aucune incompatibilité avec les règlements administratifs sur les ressources communales, les communes ne sont pas soustraites à l'obligation de payer leurs dettes, si le budget n'a pas prévu celle qui nous occupe, il est revi- sable; quant à l'intérêt public et la sécurité des services municipaux, ils ne doivent pas entrer en considération dans le débat, ils seraient tout aussi compromis par l'hypo- thèque conventionnelle.

A cette argumentation de la jurisprudence nous pou- vons ajouter l'opinion de quelques auteurs; nous ne trou- vons pas, dans la doctrine, de théorie complète; on ne la soupçonnait pas, ce n'est qu'incidemment que l'on parlait de l'hypothèque sur les biens communaux, l'exécution forcée se ramenait toujours à une inscription ou une imposition d'office. M. Cormenin (1), après une première déduction logique, abandonne son raisonnement et, ne considérant que le caractère conservatoire de l'inscription, arrive à une conclusion opposée à celle que l'on attendait : « Du principe que les communes ne peuvent faire aucune « dépense sans y être autorisées par l'administration et « de ce qu'elles n'ont que la disposition des fonds qui leur « sont attribués par le budget et qui ont tous une destina= « tion, dont l'ordre ne peut être interverti, il suit que le

(1) M. Cormenin. *Questions de droit administratif,* t. II, p. 189.

« paiement des sommes dues et reconnues par les com-
« munes ne peut être poursuivi que par voie administra-
« tive, qu'elles aient pour créancier ou d'autres communes
« ou des corporations et établissements de bienfaisance
« et de charité, ou l'État, ou des particuliers. » Et en
note : « Il suit de là : 1° que la caisse d'amortissement ne
« devrait pas recevoir les oppositions de la part des
« créanciers sur les fonds appartenant aux communes, ce
« qui n'empêche pas, toutefois, les créanciers de faire des
« actes conservatoires sur les biens des communes, tels
« que des inscriptions hypothécaires ;..... »

MM. Rousseau et Laisné (1) se contentent d'affirmer la
possibilité de l'inscription hypothécaire sans l'appuyer
d'aucun argument.

M. Chauveau (2) est moins absolu, il distingue suivant
que les fonds à provenir de la vente ont ou n'ont pas une
affectation spéciale : cette opinion, pour raisonnable qu'elle
paraisse en respectant d'une certaine façon le pouvoir de
l'administration, a le grand défaut de manquer de base et
d'être incomplète : pourquoi supprimer ici le droit de
suite et conserver seulement le droit de préférence? Quelle
autorité empêchera l'affectation ? M. Chauveau, quoique
partisan de la validité de l'hypothèque judiciaire, n'ose pas
en admettre toutes les conséquences ; il commence la
transition entre les deux systèmes.

(1) Rousseau et Laisné. *Dictionnaire de procédure,* t. IV, « Exécution des jugements », p. 379, n° 206.
(2) Chauveau. *Procédure administrative,* n° 867.

Plus récemment la même distinction a été faite, mais
dans le but opposé de conclure à la nullité de cette hypothèque : M. Michoud sépare aussi le droit de suite du droit
de préférence, il condamne le droit de suite qui aboutit à
une véritable saisie-arrêt, à l'exécution que les avis du
Conseil d'État du 12 août 1807 et du 26 mai 1813 inter-
disent ; cette immunité, créée dans un but de protection
de la commune, est d'ordre public et il ne peut être passé
outre. D'autre part l'hypothèque conventionnelle, dont la
possibilité est incontestable, selon M. Michoud, puisque
le domaine privé est dans le commerce, voit ses effets
réduits à un simple droit de préférence également, à un
ordre subordonné au bon vouloir de l'administration ;
l'ordre public l'exige ; dès lors l'assimilation n'est-elle pas
possible ? Quel empêchement y a-t-il ? L'hypothèque judiciaire ainsi entendue, ne constitue pas une voie d'exécution, car elle est attachée au jugement avant que la condamnation ne soit exécutoire, elle naît avant que le jugement
ne soit signifié et indépendamment de la suspension de son
exécution ; les effets pour s'étendre à la généralité du
domaine, ne diffèrent pas de ceux de l'hypothèque conventionnelle ; s'il faut, pour consentir celle-ci, l'autorisation
administrative, elle a été donnée pour subir celle-là en
même temps que pour défendre à l'instance et d'ailleurs
en est-il besoin quand c'est la loi qui l'établit ? Voilà, en
résumé, la théorie très raisonnée de M. Michoud, elle
résulte d'une suite de déductions rigoureuses ; peut-être
faiblit-elle un peu à propos du droit de préférence ; en tout

cas, il n'est pas sans intérêt de la rapprocher du système consacré en dernier lieu par la jurisprudence, non point tant au point de vue du résultat que sous le rapport de l'argumentation ; nous établirons ensuite une brève comparaison.

Tandis que la jurisprudence se constitue peu à peu et d'une manière définitive en faveur de la validité de l'hypothèque judiciaire, l'opinion contraire semble se répandre de plus en plus dans la doctrine et devenir prédominante. Certains auteurs très compétents, sans développer la question, ont exposé les principes et se sont déjà prononcés nettement :

M. Laferrière (1), dont l'autorité est universellement reconnue, s'exprime ainsi : « Il ne saurait donc exister « contre l'État aucune procédure tendant à l'aliénation « forcée de ses biens, ni à la cession forcée de ses créan- « ces ; *toute inscription d'hypothèque judiciaire*, toute « saisie immobilière ou mobilière, toute saisie-arrêt prati- « quée entre les mains des redevables ou des receveurs « des revenus publics seraient radicalement nulles. »

Et plus loin : « L'exécution des condamnations pronon- « cées par le Conseil d'État contre les départements et « les *communes est soumise aux mêmes règles générales* « *que l'exécution des condamnations prononcées contre* « *l'État*. Elle ne comporte pas les mesures d'exécution

______

(1) M. Laferrière. *Traité de la juridiction administrative*, t, I. p, 302 et 306,

« forcée prévues par le droit commun ; elle ne peut se
« poursuivre que par la voie administrative. » M. Chabanel (1) se prononce dans le même sens, il exclut même
l'hypothèque conventionnelle : « nous estimons, au contraire, que les biens communaux ne sont susceptibles
d'être grevés ni d'hypothèques judiciaires ni d'hypothèques conventionnelles..... Le créancier, nanti d'un jugement de condamnation contre une commune, peut-il
prendre hypothèque sur les biens de cette commune ?

Cette question nous paraît devoir être résolue négative-
ment. »

Enfin, à l'occasion de l'arrêt de la Cour d'Agen,
M. Seignouret a publié une étude (2) dans laquelle il soulève contre cette décision des objections sérieuses, il soutient la nullité de l'hypothèque judiciaire sur les biens
communaux en se basant sur les principes généraux.

C'est le Tribunal civil de la Seine qui a ouvert à nouveau
le débat en 1895, en consacrant la théorie de la nullité de
l'inscription hypothécaire prise en vertu d'un jugement
sur les biens communaux ; il a été naturellement amené à
combattre les décisions antérieures, et il l'a fait, en élar-
gissant la question avec des arguments nouveaux basés
sur les principes et leur empruntant leur force (3).

(1) M. Chabanel, op. cit., p. 142.
(2) M. Seignouret. *L'hypothèque judiciaire sur les biens communaux.* « Etude publiée dans la Revue générale d'administration »,
1893. 2. p. 257.
(3) Nous avons cru utile de reproduire in extenso le jugement du
Tribunal civil de la Seine, à raison de son importance et afin de per-

Le tribunal établit d'abord que les biens de la commune ne sont pas soumis au droit commun; la loi, qui les déclare insaisissables, les soustrait à l'application des ar-

mettre de s'y référer. Le commentaire que nous en donnons est extrait d'un article intéressant de M. J. Humblot, dans la *Revue communale,* année 1896.

Jugement du Tribunal civil de la Seine, en date du 7 février 1895.

Le Tribunal,

Attendu que, le 25 mai 1894, une inscription d'hypothèque judiciaire a été prise sur tous les biens présents et à venir de la ville de Paris, situés dans l'étendue du 1er bureau des hypothèques de la Seine;

Que cette inscription a été requise en vertu d'un jugement de ce siège, confirmé par un arrêt de la Cour d'appel de Paris en date du 9 janvier 1894, qui a condamné la ville de Paris, au paiement de la somme de 347.634 francs au profit des consorts Bélier;

Attendu que le préfet de la Seine, agissant au nom et comme représentant de la ville de Paris, demande la nullité de cette inscription comme ayant été prise à tort et sans droit;

Que, suivant lui, les biens des communes, comme ceux de l'État, ne sont point soumis à l'hypothèque judiciaire;

Attendu que le droit de demander aux tribunaux et d'obtenir des condamnations contre les communes n'est point contesté;

Qu'il est de principe également que les règles particulières du droit administratif qui régissent le patrimoine des communes ne permettent pas aux créanciers des communes de poursuivre contre elles par les voies ordinaires le paiement des condamnations qu'ils ont obtenues;

Qu'ils sont toujours obligés de s'adresser à l'autorité administrative pour obtenir l'inscription de leurs créances au budget de la commune;

Attendu d'ailleurs que les communes n'ont pas la libre disposition des fonds qui constituent leur budget; que ces fonds ont tous une destination dont l'ordre ne peut être interverti;

Qu'il est nécessaire dès lors que la dette soit inscrite au budget de la commune, et que rien ne peut être payé à un titre quelconque par

ticles 2092 et 2093 C. Civ. qui sont le droit commun, et par le fait même à l'hypothèque, sorte de contrat de gage, car il est de l'essence d'un gage d'être réalisable.

D'ailleurs en supposant possible le contrat de gage, la

une commune en dehors des règles de la comptabilité publique auxquelles elle est soumise ;

Attendu que la loi du 5 avril 1884 prévoit d'ailleurs le cas où une commune refuserait de faire droit à ses créanciers, et qu'elle donne à ceux-ci, porteurs d'un titre exécutoire, certains moyens de contrainte ;

Qu'ils ont le droit notamment de demander à l'autorité supérieure, l'inscription d'office de leurs créances au budget communal, et qu'ils peuvent même provoquer la vente des biens de la commune en s'adressant au chef de l'État ;

Attendu que par application des règles qui précèdent, et qui constituent une dérogation au principe général posé par les articles 2092 et 2093, aux termes desquels tous les biens d'un débiteur sont le gage commun de ses créanciers, les biens des communes sont insaisissables et ne peuvent faire l'objet ni d'une saisie-exécution, ni d'une saisie immobilière ;

Que les deniers des communes et leurs créances ne peuvent pas davantage être frappés de saisie-arrêt ;

Attendu, sans doute, que les biens qui font partie du domaine privé de la commune sont régis par la loi civile ; qu'ils ne sont point inaliénables, et peuvent être vendus, échangés, prescrits ; mais qu'ils ne peuvent être aliénés que suivant les formes spéciales édictées par la loi ;

Attendu que Bélier ne conteste point ces principes ; qu'il reconnaît qu'un créancier, muni d'un titre exécutoire, ne peut procéder à aucun acte d'exécution contre la commune, mais qu'il soutient que, si l'hypothèque judiciaire peut devenir un moyen d'exécution, l'inscription de cette hypothèque est avant tout un acte conservatoire ;

Mais attendu que l'inscription hypothécaire n'est pas une mesure conservatoire, qu'elle place l'immeuble grevé sous la main du créancier qui peut le suivre en quelques mains qu'il passe, en telle sorte

loi de 1884 organise pour la réalisation une procédure spéciale exclusive de toute autre, ainsi que l'avait déjà reconnu un avis du Conseil d'État du 12 août 1807, ce

qu'il ne peut être vendu sans que le créancier soit appelé à exercer son action sur le prix ;

Que l'inscription d'hypothèque judiciaire a donc le caractère d'un acte d'exécution, puisqu'elle constitue une garantie destinée à assurer le paiement ;

Qu'en tout cas c'est un acte tendant à l'exécution du titre, puisqu'il confère au créancier un droit de suite et un droit de préférence ;

Qu'il y a lieu, dès lors, de rechercher dans quelles conditions pourraient s'exercer, en ce qui concerne les biens d'une commune, le droit de suite et le droit de préférence qui constituent l'essence du régime hypothécaire ;

Attendu, tout d'abord, que les biens d'une commune ne pouvant faire l'objet d'aucune exécution forcée, le droit du créancier inscrit ne pourrait recevoir effet que dans le cas d'une aliénation volontaire ;

Mais que, l'immeuble une fois vendu, son droit de préférence se trouverait immédiatement en conflit avec les règles qui régissent la comptabilité des communes ;

Qu'en effet, le prix une fois consigné, ce prix, propriété de la commune, aurait par là même le caractère de deniers communaux ; qu'à ce titre il ne pourrait pas recevoir d'autre destination que celle qui aurait été prévue dans le budget de la commune ;

Qu'un ordre ne saurait davantage être ouvert, l'autorité judiciaire ne pouvant se substituer à l'autorité administrative, seule compétente pour l'ordonnancement des fonds communaux ;

Qu'en tout cas, et à défaut de consignation, l'inscription, en mettant obstacle au paiement des fonds dus à la commune, constituerait une véritable saisie-arrêt ;

Qu'ainsi et à tous égards, l'appropriation du prix que comporte l'hypothèque est incompatible avec les règles de la comptabilité des communes ;

Attendu que le droit de suite ne saurait non plus s'exercer ;

Qu'en effet, le droit du créancier inscrit contre le tiers détenteur

sont l'inscription et l'imposition d'office, la vente autorisée par décret, en tout cas la voie administrative.

L'inscription hypothécaire, sans être une mesure d'exécution, est plus qu'un acte conservatoire, c'est un com-

n'est en réalité que la continuation du droit qu'il pouvait exercer
contre le débiteur principal ;

Qu'il serait inadmissible qu'il eût plus de droit contre le tiers détenteur que contre son propre débiteur ;

Qu'il faudrait admettre qu'il pourrait faire indirectement ce qu'il
n'avait pas le pouvoir de faire directement ;

Attendu d'ailleurs que le bénéfice de discussion, prévu par l'article 2170 du Code civil, serait manifestement inapplicable en ce qui
concerne les communes ;

Attendu dès lors que le droit de suite et le droit de préférence, sans
lesquels l'hypothèque n'existe pas, ne pouvant s'exercer en ce qui
concerne le domaine privé des communes, il en résulte comme conséquence nécessaire que ces biens, comme ceux de l'État, ne peuvent
être frappés utilement de l'hypothèque judiciaire ;

Qu'ils se trouvent dans une situation analogue à ceux qui sont
soumis au régime dotal ;

Qu'il est de principe général qu'un immeuble ne peut être hypo-
théqué que lorsqu'il est saisissable et qu'on conçoit difficilement un
droit de gage en l'absence de cet autre droit qui en est la sanction et
la raison d'être, celui de réaliser le gage ;

Attendu, il est vrai, qu'on y objecte que les communes, ayant le
droit incontestable de grever leurs biens d'hypothèques conventionnelles, l'hypothèque judiciaire, dont les effets sont les mêmes, doit
également être admise ;

Mais attendu qu'il suffit d'observer, pour faire écarter toute assimilation entre les deux cas, que l'hypothèque conventionnelle, qui est
une véritable aliénation, ne peut être consentie qu'avec l'autorisation
de l'administration supérieure et que celle-ci ne pourrait, sans se dé-
juger et manquer pour ainsi dire à la foi promise, autoriser une
affectation différente des fonds à provenir de l'aliénation de l'immeuble donné en gage avec son concours ;

mencement de coercition, comme le dit la Cour de cassation elle-même (1). Elle doit être écartée comme telle; elle doit l'être encore, et c'est ici la partie qui fait l'originalité et la force de ce jugement, parce que les droits qu'elle confère : droit de préférence et droit de suite, sont incompatibles avec les principes : *a*) le droit de préférence d'abord : attendu que si le prix de l'immeuble est consigné, il constitue par le fait même des deniers communaux dont l'autorité administrative seule peut disposer, les tribunaux n'ont aucun pouvoir et l'ordre qui serait ouvert tomberait devant le principe de la séparation des pouvoirs; si au contraire le prix n'est pas encore consigné, le droit de préférence fait office de la saisie-arrêt que l'avis du Conseil d'État du 26 mai 1813 a prohibée *b*) le droit de suite, parce que le droit qui existe entre le tiers détenteur n'est pas un droit nouveau, mais l'ancien perpétué, or l'exercice de celui-ci était soumis à l'autorisation préalable de l'administration, et d'ailleurs, si l'on accorde le droit de suite contre l'acquéreur en vertu du droit commun, il faut admettre en sa faveur le bénéfice de

Que la situation dans les deux cas est donc toute différente;

Attendu qu'il résulte de ce qui précède que l'hypothèque judiciaire ne pourrait frapper utilement les biens de la ville de Paris;

Que par suite l'inscription prise par les consorts Bélier était inutile et sans objet, et qu'il y a lieu de faire droit à la demande du Préfet de la Seine;

Par ces motifs,

Déclare de nul effet l'inscription dont il s'agit.

(1) Cour de cassation, 10 mars 1852.

discussion au nom de ce même droit commun, or l'in-saisissabilité s'y oppose.

Enfin l'hypothèque judiciaire ne produit pas absolument les mêmes effets que l'hypothèque conventionnelle et l'argument *a pari* que l'on en tire n'a pas toute la portée qu'on veut bien lui prêter.

Telles sont, brièvement exposées, les deux théories en présence, à propos de l'hypothèque sur le domaine privé de la commune ; on peut remarquer l'originalité du système de **M.** Michoud, qui partant des mêmes considérations que la jurisprudence primitive, arrive à une solution diamétralement opposée, comme il le reconnaît lui-même. « Il faut avouer toutefois, dit-il, que la solution à laquelle nous sommes conduit a quelque chose de singulier... une hypothèque légale réduite à n'être plus qu'un simple droit de préférence devient une véritable anomalie. Si l'hypothèque judiciaire est défendable, c'est parce que le droit de suite qui s'y attache est un moyen énergique... En empêchant l'hypothèque de fonctionner comme un moyen pour le créancier de se faire payer malgré l'autorité administrative, nous lui enlevons sa principale utilité et nous arrivons à peu près au même résultat pratique qu'en la déniant complètement. Mais nous croyons que cette négation pure et simple n'est pas correcte au point de vue juridique et nous avons tenu à montrer qu'une solution aussi radicale n'est pas nécessaire pour maintenir intactes les règles fondamentales de la comptabilité communale ».

Nous n'avons pas à hésiter dans ce débat, croyons-nous, et nous nous rallions sans difficulté à la théorie de la nullité de l'inscription hypothécaire.

Nous n'essaierons pas de la justifier au point de vue juridique, pas plus que nous ne nous sommes prononcé entre l'argumentation de MM. Michoud et Seignouret et celle du Tribunal civil de la Seine.

Mais nous estimons, au point de vue financier, qu'il est essentiel et nécessaire que le domaine privé de la commune demeure soustrait à l'influence même indirecte de la gestion plus ou moins heureuse des municipalités. Le principe de la protection des communes est un principe d'ordre public qui s'impose ; si les communes sont tenues de respecter leurs engagements, d'acquitter leurs dettes, ce n'est pas au point de compromettre leur existence, et il faut avant tout assurer le fonctionnement des services municipaux, fût-ce même au préjudice de quelques intérêts privés.

Le domaine de la commune d'ailleurs ne constitue pas un capital que la municipalité peut librement dépenser, c'est un dépôt que la génération présente reçoit, mais avec mission de le transmettre aux générations futures, après en avoir prélevé l'usufruit seulement.

L'administration supérieure est à même d'apprécier si la commune peut sans inconvénient faire face en une seule année à toutes les dépenses, ou si elle doit en reporter une partie sur l'avenir : l'intervention à ce propos est plus qu'un droit pour l'État, c'est un devoir.

§ 3. — Paiement.

La liquidation et l'ordonnancement dépendent du maire, le paiement est effectué par le comptable, receveur municipal ou percepteur, comme nous l'avons vu précédemment, suivant l'importance de la localité.

Le paiement doit emporter libération et décharge complète au profit de la commune, ce n'est que juste qu'on l'entoure de toutes les précautions nécessaires pour qu'il produise réellement les effets que l'on peut en attendre. Aussi y a-t-il à ce propos des règles strictes, dont l'inobservation entraîne la responsabilité de l'agent fautif. Ce qu'il est nécessaire d'éviter avant tout, c'est le paiement de l'indû, et pour cela il fant s'assurer que le porteur du mandat en est bien le titulaire ou son représentant autorisé et que les fournitures ont été réellement livrées, les travaux exécutés; telles sont les deux règles essentielles en cette matière.

Et d'abord le paiement doit être fait au véritable créancier. Cette prescription n'a jamais été mise en doute, elle se justifie pleinement : aussi le comptable doit-il avant de délivrer les deniers, exiger que le porteur du mandat, qui se présente pour en toucher le montant, justifie et de son identité et de sa qualité. Cette preuve se fera soit par témoins, soit par pièces, soit par notoriété. Cette condition n'interdit pas à un créancier de faire toucher par un mandataire, mais celui-ci devra fournir une procuration authentique et justifier qu'il est capable ou habilité par qui de droit. Il s'accrédite parfois (trop souvent !) que le mandat revêtu de l'acquit est un véritable titre au porteur : malgré toute la ressemblance apparente qui peut exister, cette opinion n'est pas fondée et le comptable peut, et doit même exiger que l'acquit soit donné et daté en sa présence. La Cour des comptes se montre sévère à cet égard : « après avoir constaté que les receveurs avaient négligé les précautions nécessaires pour n'acquitter les mandats qu'entre les mains des véritables créanciers ou de leurs ayants cause, et qu'ils avaient consenti à payer au porteur des mandats quittancés d'avance — ce qui avait facilité de graves abus et même des détournements de fonds publics — la Cour leur a prescrit de reverser personnellement les sommes indûment sorties de leur caisse. C'est là, d'ailleurs, la confirmation d'une jurisprudence adoptée depuis longtemps pour les comptables du Trésor. » (1). Cette prescription relative à l'identité du créancier trouve encore une force plus grande à propos des finances de l'État : alors que le ministre peut obliger le payeur à payer sans crédit ou au-delà du crédit, son droit de réquisition cesse dès qu'il s'agit de payer à un autre que le créancier ; le décret du 31 mai 1862 est

---

(1) Extrait du discours prononcé le 4 avril 1892 par M. le procureur général Renaud dans l'audience publique trimestrielle de la Cour des comptes. Cité par M. Chabanel, op. cit., p. 488.

formel : « aucun payement ne peut être effectué qu'au véritable créancier (1) ». Les dispositions de ce décret ne sont pas moins précises relativement à l'acquit (2) que doivent apposer les parties prenantes.

La seconde règle consiste dans la preuve du service accompli : elle est faite par la production des pièces justificatives que l'ordonnateur a mentionnées sur le mandat et que le comptable doit exiger. Quels sont relativement à ces pièces les obligations du comptable ? Pour les dépenses de l'État, l'ordonnance du 14 septembre 1822, reproduite par le décret du 31 mai 1862, a imposé aux ministres

(1) Décret du 31 mai 1862.

(2) L'article 363 du Décret de 1862 pose les règles suivantes relativement aux quittances à fournir par les parties prenantes : «..... Les agents préposés au payement des dépenses doivent se conformer aux dispositions suivantes, en ce qui concerne les parties prenantes : 1o la quittance-est apposée sur l'extrait de l'ordonnance ou sur le mandat ; elle ne doit contenir ni restrictions, ni réserves ; 2o lorsque la quittance est produite séparément, l'extrait d'ordonnance ou le mandat n'en doit pas moins être quittancé pour ordre et par *duplicata,* la décharge du Trésor ne pouvant être séparée de l'ordonnancement qui a ouvert le droit ; 3o toute quittance doit être datée et signée par la partie prenante devant l'agent de la dépense, au moment même du payement ; 4o si la partie prenante est illettrée, la déclaration en est faite au comptable chargé du payement qui la transcrit sur l'ordonnance ou le mandat, la signe et la fait signer par deux témoins présents au payement, pour toutes les sommes qui n'excèdent pas 150 francs. — Il doit être exigé une quittance authentique pour tout payement au-dessus de cette somme ; 5o lorsqu'il s'agit de payements collectifs, il peut être suppléé aux quittances individuelles par des états d'émargement dûment certifiés ; 6o en matière d'expropriation pour cause d'utilité publique, les quittances peuvent, comme les contrats, être passées dans la forme des actes administratifs.

ordonnateurs l'obligation de remettre au ministre des finances les pièces établissant la réalité de la dépense, sanctionnant ainsi le droit de contrôle de ce dernier. Vainement ils soutenaient que les ordonnances et les quittances des parties prenantes suffisent pour établir la régularité du paiement, la commission démontra que les payeurs ne sont pas de vrais juges des pièces justificatives, « ils n'ont à vérifier, lorsqu'elles sont produites, que leurs formes extérieures déterminées par les règlements sur la matière. » Pour éviter l'arbitraire de ces agents et les contestations qui pourraient surgir sur ce point, il a été établi des nomenclatures de ces pièces.

Plus tard cette vérification s'étend aussi à la régularité des pièces justificatives, la Cour des comptes, dans son rapport public pour l'exercice 1836, a défini en ces termes la responsabilité des comptables à ce sujet : « Nous n'avons pas dû borner les obligations du comptable à la simple vérification des formes extérieures des pièces destinées à lui démontrer la dette de l'État, avec la remise des fonds du Trésor. Mais nous avons pensé qu'il était tenu de contrôler les calculs élémentaires de chaque liquidation, de s'assurer de l'exactitude numérique du décompte qui en exprime le résultat, de la conformité du mandat avec les pièces constatant la réalité et la quotité de chaque créance exigible (1). » Pour les dépenses de la commune l'examen

____

(1) M. O. Davy. *De la liquidation, de l'ordonnancement et du paiement des dépenses publiques*, p. 150.

des pièces doit être plus approfondi, le comptable est tenu
en particulier de s'assurer que les dépenses sont convena-
blement imputées, c'est-à-dire réellement prélevées sur les
crédits destinés à y pourvoir et que ces crédits ne sont pas
dépassés. La Cour des comptes (1) a même décidé que les
comptables, ne devant payer une dépense que si le crédit
sur lequel elle est imputée est régulièrement ouvert, ont
le droit de s'assurer de la régularité de l'ouverture des
crédits. Quant aux faits auxquels se rapportent les pièces
à l'appui de chaque mandat, « le comptable n'a pas qualité pour en apprécier le mérite, il suffit, pour garantir sa
responsabilité, qu'elles soient visées et par conséquent
attestées par l'ordonnateur. Si cependant un comptable
s'apercevait ou avait suffisantes raisons de croire que l'ordonnateur a été trompé, il devrait, nonobstant l'apparente
régularité des pièces, suspendre le paiement et avertir
l'ordonnateur sans aucun retard ; mais, si ce dernier lui
donne alors l'ordre de payer, il doit s'y conformer immédiatement (2). »

Quelle est la sanction de ces règles ? Pour le comptable,
c'est la responsabilité ; pour l'ordonnateur, c'est le refus
de paiement. En principe le receveur doit payer les ordonnances qui lui sont présentées, mais cette obligation n'est
pas absolue, il existe des exceptions. L'instruction générale des finances de 1859 qui reproduit le décret du

(1) Cour des comptes, 7 novembre 1871. *Mém. Perc.*, 1873, p. 88.
(2) M. Chabanel, op. cit,, p. 487.

31 mai 1862 (1), énumère les principaux cas dans lesquels
le refus est possible, et en règle les formes : « En conséquence, les receveurs municipaux sont autorisés à refuser
le paiement des mandats qui ne seraient point accompa-
gnés des justifications prescrites.

Le refus de payement est d'ailleurs soumis aux règles
suivantes.

Les receveurs municipaux ne peuvent refuser ou
retarder le payement des mandats que dans les seuls cas :

Où la somme ordonnancée ne porterait pas sur un
crédit ouvert, ou excéderait ce crédit ;

Où les pièces produites seraient insuffisantes ou irrégulières ;

Où il y aurait opposition dûment signifiée, entre les
mains des comptables, contre le payement réclamé ;

Enfin où, par suite de retards dans le recouvrement des
revenus, il y aurait insuffisance de fonds dans la caisse
communale (2). »

Il y a donc quatre cas de refus de paiement : 1° Absence
ou dépassement de crédit, le maire, derrière lequel le
receveur se retire, a le devoir d'intervenir et de prendre
ou de provoquer toutes les mesures qui permettent au
comptable de lever son refus de paiement ; 2° Insuffisance
ou irrégularité des pièces. « Il y a irrégularité matérielle
lorsque les indications de nom, de service ou de somme,

____

(1) Décret du 31 mai 1862, art. 520.
(2) Delfaux, op. cit., p. 339.

portées dans le mandat, ne sont pas d'accord avec celles qui résultent des pièces justificatives y annexées, ou lorsque ces pièces ne sont pas conformes aux règlements (1) ».

A cette règle qui veut qu'un mandat soit appuyé des pièces justificatives nécessaires, il y a une exception, dans le cas d'avances.

On désigne sous le nom d'avances, des fonds remis par le comptable à des directeurs de régie, etc... ordinaire-ment pour paiement d'un service à faire; la délivrance en est faite sur présentation d'un mandat acquitté par le régisseur; les justifications sont produites lors de la régularisation, c'est-à-dire lorsque l'avance est épuisée ou lors des délais fixés auxquels on la renouvelle; l'agent présente alors au receveur, avec l'excédent en argent, les pièces constatant les sommes qu'il a payées, reçus, etc., ces dépenses sont imputées sur le crédit auquel elles sont afférentes.

C'est le comptable qui est juge de la régularité et de la nécessité des pièces; mais il n'a pas le pouvoir d'interpréter ou de suppléer les règlements. « Si, porte une circulaire du Ministre de l'Intérieur, en date du 30 novembre 1876, les nomenclatures sont muettes à l'égard de certaines dépenses, ou s'il s'élève un doute sur la manière d'appliquer les prescriptions qu'elles contiennent, c'est aux Ministres de l'Intérieur et des Finances qu'il appartient de

(1) Règlement de comptabilité de la Ville de Paris, art. 150.

réparer l'omission ou d'interpréter le sens de leurs instructions en décidant de quelle manière les dépenses qui
font l'objet de la difficulté doivent être justifiées.

« En conséquence, si le créancier d'une commune ou
d'un établissement de bienfaisance éprouve, de la part
d'un receveur, un refus de payement qu'il ne croit pas
fondé ou, en d'autres termes, si un litige s'élève entre lui
et le comptable sur l'interprétation des règles tracées
pour la justification des dépenses communales et chari-
tables, c'est au Ministre de l'Intérieur qu'il doit s'adresser
pour faire trancher le débat. Le Ministre statue, après
s'être concerté, s'il y a lieu, avec son collègue des
finances et sa décision constitue un complément des nomenclatures déjà arrêtées et dont il est parlé à l'article 88
du décret du 31 mai 1862.

« Cette décision notifiée au comptable couvre entièrement la responsabilité de ce dernier et devient pour lui
obligatoire » (1).

3° Opposition dûment signifiée. L'opposition s'entend
ici de la saisie-arrêt entre les mains du comptable par les
créanciers de simples particuliers : seule elle est possible,
car la saisie de deniers communaux, c'est-à-dire par un
créancier du service public, n'est pas valable. Encore
faut-il même que la créance du particulier n'ait pas été
déclarée insaisissable : acomptes aux entrepreneurs de
travaux publics, etc.

____

(1) MM. Blanchon et De Celles, op. cit., p. 553.

4° Insuffisance de fonds dans la caisse communale : « ce motif n'est indiqué ni dans l'ordonnance du 31 mai 1838, ni dans le décret du 31 mai 1862. Ce ne peut être que le résultat d'une omission (1) ».

Doit-on assimiler à cette hypothèse, celle où tous les fonds en caisse ont une affectation particulière ? La question a été quelque temps controversée : nous croyons avec la Cour des comptes que tous les deniers sont affectés à l'acquittement de l'ensemble des dépenses communales sans distinction ; le Ministre de l'Intérieur partage cette opinion d'ailleurs, il admet une exception pour les dépenses de la vicinalité, mais il estime qu'au point de vue de la spécialité, elle ne doit pas être étendue aux autres services municipaux.

La jurisprudence reconnaît un cinquième cas de refus de paiement, la Cour de cassation a jugé (2) que le receveur municipal qui, sur des ordres donnés par son supérieur hiérarchique, refuse de payer à un créancier de la commune ou à ses ayants droit une somme régulièrement ordonnancée, ne commet pas une faute de nature à compromettre sa responsabilité.

Enfin le receveur doit encore opposer un refus au mandat appartenant à un exercice clos ; le créancier doit s'adresser au maire pour obtenir le réordonnancement ; celui-ci demandera un crédit au Conseil municipal, s'il y a lieu.

(1) Delfaux, op. cit., p. 339.
(2) Cour de cassation, 12 mai 1896.

Nous avons vu que le comptable est seul appréciateur sous sa responsabilité de l'application des règles du paiement; toutefois ce droit ne lui est reconnu que là où sa responsabilité est engagée, et il n'est pas absolu : dans le cas où une ordonnance est délivrée sur un crédit ouvert d'office par décret, le payeur ne peut se faire juge, ni du caractère obligatoire de la dépense, ni des autres conditions de légalité du crédit, pourvu que le décret soit régulier en la forme.

Les exceptions que nous avons signalées mises à part, le comptable dispose d'une façon absolue des deniers communaux. Pour les dépenses de l'État, le payeur est soumis au droit de réquisition de l'ordonnateur : celui-ci peut, en présence d'un refus de paiement motivé, prendre sur lui la responsabilité de la dépense et donner l'ordre de passer outre au paiement; en matière communale, le maire n'a pas ce droit (1). La loi du 16 septembre 1807 (article 18) en organisant la Cour des comptes avait établi les ordonnateurs souverains juges de la nature et de l'importance des justifications à produire à la Cour. L'ordonnance du 14 septembre 1822, intervenue à la suite de certaines polémiques, posa le principe des nomenclatures de justifications, mais dans le but d'éviter qu'elles soient une gêne pour le fonctionnement des services de l'État, cette ordonnance décida en même temps que l'ordonnateur pourrait dispenser le créancier de la pro-

____

(1) Circ. 22 fév. 1870. *Bul. int.*, p. 61.

duction de certaines pièces, en suivant la procédure de la réquisition. Les communes sont donc restées soumises au droit commun des nomenclatures.

Cependant, dans le cas de conflit entre le payeur et le créancier, quelle sera la solution? Le maire ne peut pas intervenir (sauf en cas d'insuffisance du crédit) ; le préfet n'est pas compétent. Aujourd'hui on s'accorde pour dire que le droit de dispenser de l'application littérale de la nomenclature appartient au Ministre de l'Intérieur ; c'est en ce sens que s'est prononcé le règlement de comptabilité de la ville de Paris (1) mais on pourrait souhaiter voir sur ce point un texte réglementaire. MM. Blanchon et de Celles admettent en outre l'appel au Conseil d'État.

Si, au contraire, le refus de paiement se base sur la validité intrinsèque de la quittance, régularité d'une procuration, pouvoirs d'un liquidateur, etc., c'est au pouvoir judiciaire, aux tribunaux ordinaires à prononcer sur le point de savoir si cette personne a qualité pour libérer valablement le service public.

Enfin, il nous reste, pour être complet, à parler des comptabilités occultes ; nous avons reporté cette matière à la fin de l'exécution du budget, d'abord, parce qu'elles en sont un mode anormal, ensuite qu'elles supposent la connaissance des règles de l'ordonnancement et du paiement; enfin, parce que, pour le contrôle, elles retombent dans le droit commun (2).

(1) Règlement de Comptabilité de la Ville de Paris, art. 151.
(2) Décret du 31 mai 1862, art. 25.

Nous n'avons pas l'intention d'approfondir la matière, il nous faudrait pour cela sortir du cadre de notre travail, nous nous contenterons d'exposer les principes en y joignant quelques observations.

Et d'abord, nous devons dire que le terme de comptabilités occultes, que nous emploierons cependant pour nous conformer à la terminologie ordinaire n'est pas exact ; tout au moins il évoque une sorte de suspicion que la réalité des faits ne saurait justifier dans beaucoup de circonstances. Une comptabilité de ce genre peut sans doute présenter un caractère délictueux, cacher un but inavouable ; souvent aussi elle résulte seulement de l'erreur ou de la négligence ; l'œuvre utile qu'elle poursuit parfois quand, même, ce n'est pas une nécessité urgente qui l'impose (1), démontre clairement la bonne foi de ses auteurs. Aussi, devrait-on, à notre avis, substituer à cette appellation inexacte celle, beaucoup plus juste, de comptabilité extra-réglementaire.

C'est l'opinion que soutenait déjà en 1877, M. le Procureur général Petitjean : « le législateur, en qualifiant d'occultes les comptabilités exceptionnelles qu'il voulait soumettre au contrôle judiciaire, les a frappées indistinctement d'une sorte de suspicion ou de réprobation préa-

(1) Comme les opérations par les Maires pendant la guerre pour le compte de l'État.

lable que la réalité des faits est loin cependant de justifier dans beaucoup de circonstances (1).

La comptabilité occulte peut se définir, comme l'a fait M. V. De Swarte (2), « l'immixtion, sans autorisation légale, dans le maniement des deniers publics, d'une personne n'ayant pas la qualité de comptable. »

Nous avons dit que la comptabilité extra-réglementaire était un mode anormal d'exécution du budget : en effet la délibération, déclarant l'utilité communale de ces opérations, les fait rentrer dans l'exécution régulière du budget; ordonnancement et paiement défectueux, ce sont les deux formes sous lesquelles elle se manifeste le plus fréquemment à savoir : les caisses noires, les mandats fictifs.

Les caisses noires consistent à se procurer des ressources à l'aide de procédés plus ou moins autorisés et à les employer en dépenses qui échappent au contrôle; c'est une dissimulation de recettes; nous en avons signalé l'existence sous l'ancien régime, comme aussi plus tard vers la fin de l'Empire, quand l'État pour alimenter son Trésor opérait des prélèvements considérables sur les ressources communales.

Le marquis d'Audiffret (3) a rapporté l'existence des caisses noires très importantes dans les finances de l'État

____

(1) Extrait du Discours prononcé à l'audience solennelle de rentrée en 1877 par M. le Procureur général Petitjean.

(2) M. V. De Swarte. *Traité de la Comptabilité occulte*, page 1.

(3) Marquis d'Audiffret. « Système financier de la France », t. I, p. 78.

et les mesures dont il a usé pour les faire disparaître. Depuis, le contrôle de l'administration s'est perfectionné, il est vrai, et le mal a quelque peu diminué, mais il existe encore, surtout dans les localités, comme le constate M. Petitjean en 1877.

Le mandat fictif constitue la forme la plus répandue aujourd'hui de comptabilité extra-réglementaire : c'est « un mandat parfaitement régulier en apparence qui est présenté à une caisse publique appuyé de justifications faussement établies, c'est-à-dire de mémoires s'appliquant à des dépenses simulées, de quittances supposées, d'attestations et de déclarations mensongères. » On distingue le mandat totalement fictif, qui ne correspond à aucune dépense, et le mandat partiellement fictif destiné à acquitter une fourniture ou un travail dont on a majoré le chiffre. Le but, comme dans la caisse noire, est d'obtenir de l'argent pour l'employer sans contrôle : là c'est par une dissimulation de recettes, ici par une majoration de dépenses.

Ces deux procédés sont absolument condamnables, en ce qu'ils sont contraires aux principes d'une bonne administration financière et que, malgré la bonne foi dont ils peuvent être empreints, ils ont au moins la réputation de cacher des agissements peu avouables. Cependant il y a lieu de distinguer entre eux : La caisse noire ordinairement peut s'attribuer à l'ignorance des règlements administratifs, elle existe fréquemment au vu et au su de beaucoup de personnes pour ne pas dire de toute la localité,

enfin son but consiste avant tout dans l'esprit de ses
auteurs, à éviter des frais exagérés et des pertes de temps
considérables : emploi d'une souscription pour construction d'une église, de chemins vicinaux. Le mandat fictif
au contraire est plus dangereux par le fait qu'il offre plus
de difficulté à être reconnu ; il émane ou au moins il implique l'intervention de personnes pour lesquelles les
règlements ne sont pas tout à fait inconnus, en tout cas il
suppose une fraude, une falsification de déclarations.
M. P. Leroy-Beaulieu (1) s'élève contre l'indulgence de
l'opinion et de la loi ; il voudrait voir assimiler les auteurs de mandats fictifs aux faussaires, aux escrocs, sauf
à admettre, dans certains cas particuliers, des circonstances atténuantes ; M. Petitjean ne connaît pas « d'abus
plus grave et qui puisse avoir de plus funestes conséquences. »

La comparaison que nous venons d'établir ne doit pas,
dans notre intention, plaider pour l'impunité de la caisse
noire ; elle peut être l'œuvre de la mauvaise foi la plus
éhontée, cacher les malversations les plus graves ; nous
avons seulement signalé une différence intrinsèque qui
ressort de l'examen des faits de gestion occulte.

Quant à la répression de ces opérations irrégulières,
nous l'admettons très sévère, mais aussi, bien comprise ; de
ces deux caractères, la loi lui assure le premier, le juge doit

(1) M. Leroy-Beaulieu. *Traité de la science des finances*, t. II,
p. 139.

pouvoir lui conférer le second. L'article 155 contient une double sanction : l'une administrative : « Toute personne autre que le receveur municipal qui, sans autorisation légale, se serait ingérée dans le maniement des deniers de la commune, sera par ce seul fait constituée comptable » et comme telle, tenue de rapporter des comptes réguliers à juger selon les règles ordinaires édictées pour les comptabilités réglementaires ; et l'autre pénale : « Toute autre personne que le receveur municipal, qui, sans autorisation légale, se sera ingérée dans le maniement des deniers de la commune, pourra être poursuivie comme s'étant immiscée sans titre dans les fonctions publiques. » Les dispositions du Code pénal auxquelles se référait expressément l'article 64 de la loi du 18 juillet 1837 (dont l'article 155 est la reproduction presque textuelle) sont contenues dans l'article 258 ainsi conçu : « Quiconque, sans titre, se sera immiscé dans les fonctions publiques, civiles ou militaires, ou aura fait les actes d'une de ces fonctions, sera puni d'un emprisonnement de 2 à 5 ans, sans préjudice de la peine de faux, si l'acte porte le caractère de ce crime (1). »

A cette règle générale et inflexible, la jurisprudence est venue apporter déjà un heureux tempérament ; la Cour des comptes a admis (2) que, dans le cas où aucune infi-

----

(1) Morgand, op. cit. t. II, p. 403.

(2) Cour des comptes, 11 juil. 1889 et 30 juil. 1895. *Mém, Perc.,* 1889, p. 509, et 1896, p. 46.

délité n'est relevée à la charge du comptable, le juge peut
suppléer, par des considérations d'équité, à l'insuffisance
des justifications produites. On peut souhaiter que la loi
aille un peu plus loin encore dans cette voie : dans l'hypothèse spéciale, où la bonne foi est démontrée d'une façon
évidente, où la gestion n'a créé ni profit personnel à son
auteur, ni préjudice à autrui, ne pourrait-on pas, le cas
de récidive mis à part, abréger quelque peu toute cette
procédure de suspicion, longue et publique ? Sans doute
un contrôle s'impose, mais doit-il nécessairement revêtir
ce caractère ? Ce qu'il importe c'est de se prononcer au
plus tôt sur la nature délictueuse ou non des opérations ;
en l'absence de dol, la réputation de l'agent sera ainsi
sauvegardée ; si, au contraire, il y a eu fraudes et malversations, la répression doit être poursuivie avec sévérité et,
sur ce point, il faut applaudir à la décision de principe en
vertu de laquelle la Cour des comptes déclare comptables
occultes, non seulement ceux qui ont effectué les opérations irrégulières, mais aussi ceux qui y ont participé
sciemment ou les ont favorisées. « M. Victor Marcé,
dans une très intéressante étude sur les *Comptabilités
occultes* (1887), combat cette théorie, et bien à regret,
tout en reconnaissant son efficacité éventuelle, ne la croit
pas conforme aux textes du décret du 31 mai 1862 (art. 25)
et de la loi municipale du 5 avril 1884 (art. 155) ; ces
textes, dit-il, ne considèrent comme coupables de gestion
occulte que les personnes qui se sont ingérées dans le
maniement des deniers publics. D'après M. Marcé, le mot

maniement doit être entendu dans son sens exclusivement matériel (1) ».

La procédure relative aux comptabilités extra-réglementaires est tracée dans la circulaire du Ministère de l'Intérieur du 20 mai 1876. Elle s'ouvre par un arrêté du conseil de préfecture déclaratif de comptabilité occulte, pris d'office, ou sur dénonciation par le préfet ou par un contribuable exerçant les droits de la commune. Elle aboutit à l'apurement des comptes par la juridiction dont relève la comptabilité patente de la commune.

SECTION III. — LÉGISLATION COMPARÉE

Nous aurons bien peu de chose à dire sur la gestion des finances communales à l'étranger ; nous avons eu l'occasion d'exposer pour chacun des pays que nous étudions, la composition des autorités préposées à l'administration générale des intérêts locaux, les ressources qui sont mises à leur disposition, les dépenses auxquelles elles doivent pourvoir ; ce sont les caractères essentiels de l'administration municipale. Pour l'exécution elle a lieu presque partout dans les mêmes conditions, on pourrait dire presque suivant une règle uniforme. A côté des assemblées délibératives en effet, il existe généralement un pouvoir

____

(1) Cité par M. Stourm, op. cit., p. 576, note 1.

exécutif chargé d'agir conformément aux décisions de l'assemblée ; cette autorité a sous ses ordres différents fonctionnaires parmi lesquels on trouve le ou les trésoriers, qui opèrent les maniements de fonds pour la commune. Nous nous bornerons donc, pour ne pas nous astreindre à des superfétations inutiles, à signaler brièvement les principales différences que nous rencontrerons.

Belgique. — L'administration communale rappelle, sur beaucoup de points, comme nous l'avons vu, l'organisation française dont elle est issue. Les budgets, approuvés par la députation provinciale, sont mis à exécution, par le collège échevinal. Le recouvrement des taxes s'opère toujours, par l'intermédiaire d'un receveur communal en vertu de rôles dressés sous le visa de l'administration. Le percepteur des impôts d'État n'intervient que pour la perception des centimes additionnels établis au profit des communes ; elle s'effectue en même temps que pour le principal et le produit en est versé trimestriellement au receveur communal directement. Pour les dépenses l'ordonnancement relève de l'administration, le comptable procède au paiement.

Angleterre. — Comme nous l'avons vu dans le chapitre précédent, chaque service a ses agents, notamment son trésorier pour les taxes spéciales ; cependant, de même que très fréquemment c'est la même autorité qui cumule les diverses attributions sous différents noms, comme aussi les taxes consistent souvent en suppléments à la taxe de pauvres, c'est le « collector » de cette taxe qui, sous le contrôle des inspecteurs (overseers), remplit le rôle de comptable dans la paroisse, de trésorier municipal dans le bourg ; dans les districts urbains, il existe pour la taxe générale des collecteurs spéciaux. Pour les dépenses, c'est l'agent exécutif qui ordonnance et le trésorier qui paie ; en principe un paiement ne peut être opéré par le receveur du bourg que sur un ordre ou mandat signé de trois conseillers municipaux et contresigné par le secrétaire. Si l'acquittement des dépenses ne s'effectue pas régulièrement et que le conseil est en faute, l'assemblée communale peut déposer une plainte entre les mains du juge de paix, qui délivre un « warrant » contenant un ordre de remboursement. Dans les bourgs, le trésorier est en général un banquier dont la rémunération consiste dans le bénéfice qu'il retire des dépôts opérés au compte du bourg.

Italie. — L'exécution du budget appartient en Italie à la junte ; c'est elle en effet qui représente le pouvoir exécutif dans la commune italienne. Elle règle l'emploi des sommes prévues au budget et ordonnance les dépenses ; elle prépare les rôles pour la perception des contributions. Quant au recouvrement il rentre dans les attributions du trésorier municipal, si la commune est assez importante pour en avoir un, sinon c'est le percepteur des contributions qui est chargé du service, comme en France. Dans le cas où

la junte refuserait de délivrer un mandat ou d'inscrire une
dépense au budget, il y serait procédé par la députation
provinciale ; c'est le rôle que remplit en France le préfet
dans l'ordonnancement d'office et l'autorité qui règle le
budget dans l'inscription d'office. Toutefois la junte italienne exerce un pouvoir que nous devons mentionner à
part, celui d'effectuer des virements de crédits. Nous avons
fait ressortir à leur place les effets de cette opération dans
l'exécution du budget, qui est ainsi livrée complètement à
la discrétion d'une autorité, au mépris quelquefois des
décisions de l'assemblée qui a voté le budget. Il est vrai
que la junte doit au conseil communal le compte de son
administration, mais ce contrôle ne s'exerce qu'après et
s'en trouve considérablement affaibli car on revient difficilement sur le fait accompli.

Allemagne. — Il n'existe pas de loi générale organisant
l'administration communale dans l'Empire ; chacun des
États conserve sa liberté ; nous avons considéré plus particulièrement la Prusse jusqu'ici et nous avons vu que, la
commune qui mérite véritablement ce nom, n'existe que
dans les provinces occidentales. Encore faut-il reconnaître
que leur organisation est loin d'être uniforme et la loi du
3 juillet 1891, qui, la dernière, a réglé la matière, laisse
encore subsister une grande complication. Il existe en
général dans la commune allemande un corps électoral
censitaire dont les attributions se rapprochent beaucoup
de celles du conseil municipal en France. L'action est con-

fiée à un comité exécutif ; dans les communes rurales, c'est le préposé, maire ou juge, assisté de deux échevins élus pour six ans. Quant à l'exécution du budget, elle est partagée, comme nous l'avons vu dans les autres pays, entre le comité exécutif et le trésorier communal à qui est réservé le maniement des deniers.

Quelques dispositions secondaires mises à part, la gestion des finances communales diffère peu, comme on le voit, entre les divers pays. Dans presque toute circonscription, qu'il y en ait plusieurs comme dans le bourg anglais, ou une seule, comme dans la commune rurale, on trouve une assemblée délibérante et un pouvoir exécutif généralement collectif : à l'une appartient l'établissement de la taxe, l'autorisation de la dépense, à l'autre l'assiette de la première et l'engagement de la deuxième ; sous leur surveillance un agent comptable procède à l'encaissement et à la remise des deniers ; enfin au-dessus une autorité plus ou moins rapprochée exerce une surveillance plus ou moins directe et conserve généralement le droit d'agir lorsque l'administration communale néglige de le faire ou s'y refuse : c'est la députation permanente de la province en Belgique, la junte provinciale en Italie, le local government board en Angleterre, le gouverneur de la régence ou du cercle en Allemagne.

CHAPITRE III

CONTRÔLE DU BUDGET

SECTION I. — GÉNÉRALITÉS

Le budget a joué jusqu'ici devant nous le rôle
d'état de prévisions, purement évaluatif en recettes, strictement limitatif en dépenses ; le maire, jusqu'au vote, le
conseil municipal jusqu'au règlement, peuvent en modifier
les chiffres. Mais une fois approuvé, le budget primitif en
principe ne subit plus aucun changement ; en pratique,
toutefois, le conseil municipal peut revenir, par l'annulation du crédit qui y pourvoit, sur certaines dépenses qu'il
avait d'abord votées ; la délibération prise en ce sens doit
être approuvée par l'autorité qui règle le budget, mais
avant même cette formalité, elle empêche déjà le mandatement d'office. Le crédit annulé constitue un disponible
dont il est fait emploi au budget supplémentaire. Nous
avons observé incidemment par quels moyens on pare à
l'insuffisance de crédits, les crédits additionnels s'ajoutent
au fur et à mesure de leur apparition les uns aux autres

et au solde de l'exercice antérieur pour former le budget supplémentaire. L'exécution du budget communal s'applique donc à l'ensemble des prévisions de chacun des budgets, primitif et supplémentaire.

Quand arrive la clôture de l'exercice, les prévisions se sont changées en réalités qui en diffèrent plus ou moins, en tout cas les chiffres peuvent en être déterminés exactement, c'est l'objet du compte. L'on perçoit ainsi la différence essentielle qui sépare ces deux états, l'un de prévisions, l'autre de réalités ; le compte, c'est le budget réalisé.

Nous avons vu que l'exécution du budget est confiée à deux agents : l'ordonnateur et le comptable; on comprend aisément que chacun doive rendre compte des opérations qu'il a effectuées ; successives, mais connexes, elles aboutissent nécessairement au même résultat car il est unique : le solde débiteur ou créditeur de l'exercice.

Le contrôle du budget consiste à établir l'exactitude du solde et quant à son chiffre et quant à sa nature, il peut se définir « l'examen et la vérification des comptes ».

Avant d'étudier les règles auxquelles il est soumis en matière communale, nous examinerons succinctement comment il fonctionne à l'égard des finances de l'État; nous pourrons ensuite établir certaines comparaisons utiles et faire ressortir des différences intéressantes.

On distingue généralement trois formes de contrôles : le contrôle administratif, le contrôle judiciaire et le contrôle législatif; si l'on examine l'ordre chronologique dans lequel ils se succèdent, on observe qu'ils coïncident précisément avec celui dans lequel nous les avons énumérés : ils s'exercent sur les comptables d'abord, sur les ordonnateurs ensuite (1).

Les comptables, pendant toute la durée de l'année d'abord sont soumis à la surveillance directe de l'administration et tenus de lui adresser périodiquement la situation des opérations effectuées, tant en matière de paiement que de recouvrements : les trésoriers l'envoient au ministère, les percepteurs et receveurs des finances aux trésoriers. En outre l'inspection des finances opère des vérifications approfondies. A la fin de l'exercice, les comptables dressent un compte détaillé de toutes les opérations effectuées en les distinguant par exercice, c'est le compte de gestion, qui, appuyé des pièces justificatives, est, après une vérification rapide de l'administration centrale, transmis à la Cour des comptes pour y être jugé. Enfin les divers arrêts individuels sont récapitulés et mis en regard du compte général des finances dans la déclaration d'année (2) de la

(1) Il faut noter toutefois, que, pour les ordonnateurs, il n'existe ni contrôle judiciaire, ni contrôle administratif, cependant les ordonnateurs secondaires sont obligés de transmettre périodiquement à l'administration centrale des états de situation et bordereaux divers qui permettent de suivre leurs opérations. (Décret du 31 mai 1862. art. 297 à 302.)

(2) La Cour des comptes soumet chaque année au vote des Chambres deux déclarations générales de conformité. L'une dite « Déclaration d'année » est relative aux comptes de gestion annuelle et tend à certifier l'exactitude des écritures des comptables. L'autre dite « Déclaration d'exercice » concerne particulièrement les ordonnateurs et leurs comptes d'administration pour l'exercice expiré ; elle prononce

Cour des comptes. Soumise aux Chambres cette déclaration est sanctionnée par la loi de règlement.

Pour les ordonnateurs, le contrôle administratif n'existe pas ; on a quelquefois voulu voir, dans les attributions du ministre des finances, un pouvoir de contrôle sur ses collègues, à raison de ses droits à leur égard : il est chargé d'aménager les fonds, d'empêcher les dépassements de crédits, d'assurer le paiement au véritable créancier ; c'est une erreur, et le peu de suprématie dont il dispose est tout à fait insuffisant pour un tel rôle.

Quant au contrôle judiciaire, il fait absolument défaut : la loi du 16 septembre 1807 pose le principe : « La Cour

la concordance des arrêts individuels sur la gestion des comptables avec les chiffres des documents produits par les ministres ordonnateurs,

La déclaration générale sur les comptes de l'année est ainsi libellée :

« La Cour.... vu.... attendu..., sous les réserves exprimées ci-dessus :

« Déclare :

« Que le compte général de l'administration des finances pour « l'année, est d'accord... avec les arrêts rendus sur les comptes indivi- « duels présentés par les agents comptables des finances pour ladite « année.

La déclaration générale sur la situation définitive de l'exercice est ainsi libellée :

« La Cour..., vu..., considérant..., déclare :

« Que la recette et la dépense comprises dans les comptes des « ministres pour l'exercice... sont conformes aux résultats des arrêts « rendus sur les opérations correspondantes portées dans les comptes « des agents comptables des finances et appuyées des pièces justifica- « tives qui leur servent de preuves. »

ne peut, en aucun cas, s'attribuer de juridiction sur les
ordonnateurs. » Reste le contrôle législatif ou parlementaire, seul il s'exerce sur les ordonnateurs : à la fin de l'exercice, chacun des ministres fait dresser le compte des dépenses qui y correspondent ; le Ministre des finances dresse
en outre le compte définitif des recettes et le compte
général des finances. Ce dernier constitue le compte de
gestion annuelle, divisé comme celui des comptables ; suivant la distinction d'exercices, il permet la comparaison
avec les comptes des ordonnateurs ; divisé aussi dans une
deuxième section, par branches de comptables (1) ; il en
facilite le rapprochement avec la récapitulation des arrêts
individuels de la Cour des comptes. Vérifiés par la Commission de vérification, nommée annuellement par les
Chambres, en vertu de l'ordonnance du 10 décembre 1823,
ces comptes forment la base de la déclaration d'exercice (2)
de la Cour des comptes. Soumise aux Chambres, cette

---

(1) La plupart des traités et le décret du 31 mai 1862, lui-même,
omettent de mentionner cette partie du compte général destinée à
présenter les opérations de la gestion annuelle par classe de comptables. Cela tient à ce que ces traités, ainsi que le décret réglementaire, se bornent à reproduire servilement les divisions primitives du
compte général, telles que les avait tracées l'ordonnance du 10 décembre 1823. Or cette ordonnance de 1823 ne pouvait mentionner
les dispositions que l'ordonnance du 9 juillet 1826 a inaugurées, les
rédacteurs du décret réglementaire, tout en compilant les anciens
textes, auraient dû, au moins, se donner la peine de les mettre au
courant.

(2) Voir supra. p. 199.

déclaration est sanctionnée également par la loi de règlement. Comme la déclaration d'année, elle sert de pièce justificative au projet de loi de règlement du budget.

Si maintenant de l'État nous revenons à la commune, l'organisation se simplifie considérablement, il est vrai ; les rouages administratifs sont beaucoup moins nombreux ; mais, à part quelques différences que nous signalerons, les principes sont les mêmes.

On retrouve dans l'administration municipale, l'incompatibilité entre les fonctions d'ordonnateur et celles de comptable ; ici aussi elle est l'occasion d'un contrôle automatique et réciproque de ces deux agents, l'un par l'autre, mais ce contrôle nous présente une particularité essentielle, il est plus indépendant et plus fort. Dans l'État, l'ordonnateur jouit du droit de réquisition, et peut, sous sa responsabilité, imposer au comptable un paiement irrégulier ; en présence d'un refus ; il peut lui ordonner de passer outre, en lui adressant une réquisition, le payeur la joint aux pièces justificatives de la dépense et se voit ainsi complètement déchargé de la responsabilité qui pèse dès lors sur l'ordonnateur. Dans la commune au contraire, le maire ne jouit pas de ce droit, il ne peut, dans ces circonstances, comme nous l'avons vu, que s'incliner et se soumettre aux règlements administratifs. On a beaucoup discuté sur cette question, certains auteurs ont contesté la valeur de ce contrôle, à raison du manque d'indépendance du comptable vis-à-vis de l'ordonnateur. La Cour des comptes a constaté cette situation, en 1843,

après l'instruction ministérielle du 20 septembre 1842,
qui imposait aux payeurs de joindre les réquisitions aux
ordonnances, la Cour a, par une décision de principe, consacré une simple responsabilité administrative. Le règlement général (1) a bien reproduit l'obligation pour les
payeurs de justifier des réquisitions pour obtenir décharge,
mais, comme le constate M. le procureur général Audibert en 1885, si, en droit, la Cour des comptes à leur
défaut est tenue de rejeter le paiement, en équité elle ne
peut pas le faire d'une manière absolue, car la dette de
l'État est bien établie, le payeur n'aurait aucun recours
ni contre la partie prenante qui a touché une somme
réellement due, ni contre l'ordonnateur qui n'a peut-être
pas été averti ; de plus, les cas douteux se multipliant en-
traveraient trop souvent les paiements. Le contrôle préventif a ses partisans, mais M. le procureur général Audibert comme en 1882 M. l'avocat général Biollay estime
que le système de la réquisition doit suffire à prévenir les
abus, à la condition toutefois que les payeurs soient tenus
d'éclairer en temps utile les ordonnateurs. Dans la commune la responsabilité du comptable reste donc entière.

L'absence du droit de réquisition au profit de l'ordonnateur entraîne encore, entre le contrôle dans l'État et celui
de la commune, une autre différence dont M. le procureur
général Audibert a donné l'explication : « Vous ne jugez,
Messieurs, les comptes des receveurs que lorsqu'ils ont été

(1) Décret du 31 mai 1862, art. 92.

débattus et arrêtés par le Conseil municipal. Vous vous
assurez préalablement de leur conformité avec les comptes
d'administration du maire, qui sont soumis également
aux délibérations du conseil. Mais si cette procédure donne
toute sûreté à votre contrôle, celui du conseil municipal
et de l'administration supérieure, qui ne s'appuie pas sur
vos arrêts, est-il suffisamment éclairé? On pourrait se
demander pourquoi l'approbation du compte d'administration précède l'apurement de la comptabilité du receveur,
à l'inverse de la marche suivie pour le règlement du
budget de l'État.

C'est, en effet, après que la Cour a prononcé sa déclaration de conformité des comptes ministériels avec ses
arrêts sur les comptes de deniers, et après la publication
de son rapport annuel, que les Chambres législatives
règlent définitivement chaque exercice.

Cependant, en matière de comptabilité communale
l'étroite responsabilité du receveur permet de procéder
autrement. La loi ne donne pas au maire, à l'égard du
receveur, le droit de réquisition, qui permet à l'ordonnateur des fonds de l'Etat de substituer sa responsabilité
devant le Parlement, à celle qui engage le comptable
devant la juridiction financière. En conséquence, lorsque
le jugement des comptes de deniers communaux a relevé
des dépenses mal imputées ou acquittées sans crédits, le
comptable doit les prendre à sa charge, ou recourir au
Conseil municipal et au préfet pour en obtenir la régulari-

sation. Les deux contrôles, administratif et financier, s'éclairent et se complètent donc mutuellement » (1).

L'ordre chronologique que nous avons mentionné pour le budget de l'État, se trouve donc ici complètement modifié : le contrôle s'effectue dans la commune d'abord sur le compte d'administration de l'ordonnateur, ensuite seulement sur le compte de gestion du comptable ; si, pour celui-ci, il y a pendant toute l'année une surveillance administrative, l'examen approfondi des opérations suit l'ordre suivant : d'abord le contrôle législatif, si l'on peut parler de la sorte, ou approbation du compte de gestion par le Conseil municipal, puis le contrôle administratif ou vérification sur pièces à la recette des finances, enfin le contrôle judiciaire ou jugement par la Cour des comptes. Nous adopterons dans ce chapitre la division correspondant à cet ordre de choses.

SECTION II. — COMPTE D'ADMINISTRATION

L'ordonnancement constitue une formalité essentielle dans notre droit : obligatoire et préalable au paiement, il ne peut avoir lieu que sur le crédit spécialement affecté à

---

(1) Discours à l'audience solennelle de rentrée de la Cour des comptes par M. le Procureur général Audibert, en 1884. Cité par le *Mémorial des Percepteurs*. 1884, p. 585.

la dépense liquidée et dans les limites de ce crédit. Le maire, pour assurer l'observation de ces règles, doit se mettre en mesure d'empêcher ou de rectifier les irrégularités possibles; dans ce but, le Règlement général (1) a prescrit la tenue d'écritures dans les mairies (2); l'ordonnateur a ainsi la faculté, à tout instant, de vérifier la somme qui reste disponible sur le crédit qui l'intéresse. Pour corroborer ce travail, il reçoit trimestriellement du receveur, pour le viser, le « bordereau détaillé » qui lui fait connaître par exercice le montant des paiements effectués ; ce document détaille aussi les recouvrements effectués et permet ainsi de suivre exactement par trimestre la situation financière de la commune.

Enfin, après la clôture de l'exercice, le maire établit son « compte d'administration » (3), il ne faut pas voir ici un simple relevé définitif des recettes et des dépenses de la commune, faisant ressortir en regard des prévisions de recettes, les recouvrements effectués et les restes à recouvrer, vis-à-vis des prévisions de dépenses, les droits constatés, les paiements effectués et les restes à payer ou à payer ou annuler ; le compte administratif est avant tout

(1) Décret du 31 mai 1862, art. 509.

(2) Dans les grandes administrations, on doit tenir un journal et un grand-livre pour y consigner sommairement toutes les opérations financières. Dans les autres, il suffit, à la rigueur, d'un seul registre, sur lequel on inscrit, jour par jour, les mandats délivrés. (Circ. Min. int. 24 sept. 1824.)

(3) Décret du 31 mai 1862, art. 510 et Inst. gén. fin. de 1859, art. 826.

un compte moral ; une colonne doit être réservée, tant en recette qu'en dépense, pour recevoir les observations du maire, qui doit donner au compte les développements et explications nécessaires pour éclairer l'assemblée communale ainsi que l'autorité supérieure et leur permettre d'apprécier les actes de l'administration. L'accomplissement de cette formalité importe autant dans l'intérêt des communes que dans l'intérêt des ordonnateurs eux-mêmes : pour les unes, il permet de juger si elles ont été administrées avec économie et prévoyance ; pour les autres, il répond à la critique inévitable et les décharge de la responsabilité de leurs opérations. Le compte administratif du maire se distingue en cela du compte de gestion du receveur, appelé simplement à constater les résultats de l'exercice clos et que l'on a qualifié avec raison de compte matériel.

A quelle époque doit être déposé le compte administratif ? La loi de 1884 (1) la détermine : après la clôture de l'exercice (31 mars) et avant la délibération du budget. Nous avons montré sommairement, à propos du budget supplémentaire, que cette date était indiquée naturellement.

Le conseil municipal délibère sur le compte administratif, en même temps que sur le compte de gestion d'ailleurs qui y est joint ; les pièces justificatives ne lui sont pas communiquées en général, mais il a le droit de

____

(1) Loi de 1884, art. 151.

demander à les examiner en présence du comptable. Le rôle du conseil doit se borner à approuver le compte d'administration conformément à l'instruction générale qui est très explicite sur ce point (1). « Dans aucun cas, le conseil n'apporte de modifications au chiffre des comptes présentés » dit l'article 829 : c'est un pouvoir d'appréciation qu'il exerce et qu'il peut traduire par un blâme même à l'adresse du maire, mais en cette occasion seulement (2). Le maire peut assister à la discussion, même quand il n'est plus en fonctions, mais la loi lui interdit de prendre part à la délibération et il doit même se retirer au moment du vote (3).

Enfin le compte administratif, accompagné des divers documents prescrits, est adressé au préfet qui le revêt de son approbation. La loi ne distingue plus pour cette formalité suivant le revenu de la commune, et le préfet est toujours compétent.

Seule, la circulaire du Ministre de l'Intérieur, du 15 mai 1884, prescrit l'envoi à l'administration centrale d'un exemplaire du compte des villes dont le revenu atteint au moins 3 millions (4).

---

(1) Inst. gén. fin. art. 829 à 835.

(2) Conseil d'État, 18 mai 1888. *Mémorial des Percepteurs,* 1888, p. 368 et Conseil d'État, 5 février 1892. *Mémorial des Percepteurs,* 1892, p. 115.

(3) Loi de 1884, art. 52.

(4) Loi de 1884, art. 151.

Le droit du préfet d'approuver le budget communal et le compte

Telles sont les opérations auxquelles se borne le contrôle sur les ordonnateurs ; il n'existe pas en effet de contrôle judiciaire et nous avons vu la forme semi législative, semi-administrative que revèt l'approbation du compte administratif du maire.

Section III. – compte de gestion

La commune peut, en raison du taux de ses revenus, avoir comme comptable le percepteur ou un receveur municipal ; la distinction, au point de vue qui nous occupe, importe peu, car les obligations et formalités ne changent pas. La surveillance hiérarchique, à laquelle l'un et l'autre sont soumis, pèsent peut-être plus directe et plus étroite sur le percepteur du chef de cette qualité même, mais au point de vue communal, il ne doit pas y avoir de différence. Les receveurs des finances, ou le trésorier général dans

administratif implique le droit de décider si une dépense a été ou non régulièrement faite et, par suite, de l'admettre au compte ou de la rejeter. Le préfet pourrait également prescrire le remboursement par la commune de sommes avancées par le maire pour le paiement de dépenses régulièrement effectuées, mais non pas en sens inverse, le versement par le maire dans la caisse municipale de sommes payées par celle-ci sur des mandats irrégulièrement délivrés par ce magistrat. Les difficultés qui s'élèveraient sur ce dernier point entre la commune et le maire devraient être portées devant l'autorité judiciaire. (Conseil d'État, 22 août 1868.) Note de M. Morgand. op. cit., p. 387, tome II.

l'arrondissement chef-lieu, assument la responsabilité de
la gestion des percepteurs de contributions, qui au fait ne
sont que leurs agents ; (1) au contraire, vis-à-vis des receveurs spéciaux, ils exercent simplement un droit de surveillance sans encourir jamais, malgré un manquement au
service, de responsabilité pécuniaire vis-à-vis des communes et établissements (2).

L'Instruction générale règlemente parfaitement leur
intervention en cette matière (3), le maire conserve
toujours le droit et le devoir de diriger les receveurs
spéciaux et de surveiller les diverses parties de leur
gestion.

Cette intervention s'exerce : pour les recettes, par la
communication de tous les titres de recouvrement, nous
avons vu en effet que ces titres ne peuvent parvenir au
comptable que par la voie de la Recette des finances ; pour
les dépenses, par l'envoi périodique mensuel ou trimestriel
de bordereaux divers qui permettent de suivre la marche
progressive des opérations et les mouvements de fonds.
Comme on peut le constater, c'est la même organisation
ici que pour les finances de l'État : on retrouve les vérifications à domicile annuelles par le Receveur des finances
ou son délégué ; les Inspecteurs des finances peuvent,
sans autorisation préalable, vérifier la gestion des rece-

---

(1) Inst. gén. fin. art. 1285. Décret du 31 mai 1862, art. 338.
(2) Circ. 25 fév. 1865. Conseil d'État, 22 nov. 1866.
(3) Inst. gén. fin. art. 1320.

veurs spéciaux et provoquer les mesures que nécessite-
raient des faits graves ; toutefois en ce qui concerne le
service administratif, ils ne peuvent intervenir que s'ils
en sont requis par l'administration locale, s'ils sont chargés d'une mission ou s'ils y sont amenés par l'existence
de désordres dans la gestion.

Enfin nous arrivons au contrôle lui-même qui comprend,
comme nous l'avons vu (1), l'approbation, la vérification
sur pièces et le jugement.

§ I. — Approbation du Compte de gestion.

En fin d'exercice le Receveur municipal, de son côté,
dresse son compte de gestion ou relevé définitif des
recettes et dépenses de l'exercice clos; comme le maire
dans son compte d'administration, il y fait ressortir les
recouvrements effectués et les restes à recouvrer, les
dépenses faites, et les restes à payer qui lui ont été com-
muniqués. Comme on le voit au premier abord, ces deux
documents se ressemblent beaucoup, ils renferment les
mêmes éléments ; nous devons signaler une différence au
passage, cependant : le compte administratif est rendu
pour l'exercice entier, indépendamment de l'époque à
laquelle les ordonnancements ont lieu, où les crédits sont
votés, le compte de gestion au contraire est établi pour

(1) Voir supra, section 1e in fine.

l'année en ce sens qu'il mentionne très distinctement les opérations effectuées pendant les douze premiers mois le l'année; s'il comprend les actes de gestion du trimestre complémentaire de l'exercice, c'est, comme l'a voulu le Décret du 27 janvier 1866 (article premier) qui a imposé cette disposition, afin de permettre la concordance avec les comptes des ordonnateurs. Bien plus le compte administratif est le compte de l'exercice en tant que chose distincte, un compte réel; le compte de gestion au contraire est un compte personnel, relatant les faits et actes du comptable, au point que, si, dans le cours d'une année, ordonnateur et comptable sont remplacés, le successeur du premier n'établira qu'un compte d'administration, celui de l'exercice entier, au contraire il y aura deux comptes de gestion, l'un dressé par l'ancien receveur ou ses héritiers pour la première partie, l'autre par le nouvel agent comptable pour la deuxième.

Le compte de gestion est présenté au Conseil municipal avec le compte administratif, comme nous l'avons vu, après le 31 mars et avant le vote du budget (1), c'est-à-dire à la session de mai (2). Le Conseil municipal, appelé à se prononcer, peut exiger la production des pièces justificatives pour les vérifier, mais en présence du comptable seulement; celui-ci ne pourrait s'en dessaisir que contre

(1) Loi de 1884, art. 151.

(2) S'il s'agit d'un receveur remplacé, l'examen doit avoir lieu pour que le comptable puisse faire parvenir son compte au juge financier dans les trois mois de la remise de service. Inst. gén. fin. art. 1556.

un récépissé signé du maire et accompagné d'un bordereau détaillé et dûment certifié (1). Le conseil procède à
l'examen du compte conformément à l'instruction générale (2). Il peut, s'il les juge mal fondés, ne pas admettre
les motifs de non recouvrement invoqués par le comptable
et mettre à sa charge le reliquat à recouvrer ; de même
dans le cas de dépense indûment payée, il peut lui imposer l'obligation de s'en charger en recette dans le compte
de l'exercice suivant. Le Conseil municipal ne peut, dans
aucun cas, changer les chiffres établis, il doit se borner
pour les irrégularités constatées à faire des propositions
d'injonctions qui sont consignées à la suite de l'arrêté de
compte.

Le comptable retire une ampliation de la délibération à
laquelle aboutit l'examen et la joint à son compte qu'il
envoie accompagné des pièces justificatives à la recette
des finances.

§ 2. — Vérification sur pièces.

La vérification sur pièces est le complément de l'examen
sommaire auquel a procédé le receveur des finances,
lorsque, avant la présentation de son compte au Conseil
municipal, le comptable le lui a envoyé pour le revêtir de
son visa. Cette fois c'est, appuyé de toutes les pièces jus-

(1) Inst. gén. fin. art. 1554.
(2) Inst. gén. fin. art. 829 et suiv.

tificatives réglementaires, que le compte doit lui parvenir
pour être contrôlé. L'instruction générale (1) précise les
points sur lesquels doit se porter l'attention du receveur
des finances, à qui incombe le soin de faire régulariser les
pièces; il doit se borner uniquement à faire des observations. La sanction relève du juge des comptes de même
que l'appréciation d'une critique dont le comptable n'ad-
mettrait pas le bien fondé.

§ 3. — Jugement.

La vérification sur pièces terminée, il ne reste plus
qu'à transmettre le compte à l'autorité chargée de l'apurer,
et cet envoi doit être effectué avant le 1ᵉʳ septembre.

La compétence en matière de jugement des comptes se
détermine d'après le montant des revenus de la commune :
au-dessous de 30.000 francs, le Conseil de Préfecture statue, au-dessus c'est la Cour des Comptes. On considère,
pour calculer ce taux, le revenu de trois années consécutives, et, comme chiffre, non le total des recouvrements
effectués, mais celui des droits constatés, déduction faite
des réductions et non-valeurs (2). Il appartient au préfet
de prendre un arrêté pour déférer le comptable à la Cour

(1) Inst. gén. fin. art. 1302.
(2) Circ. min. int. 12 mai 1881, Bull. off. int. p. 244.

des comptes, quand les conditions sont remplies ; celle-ci prononce ensuite un arrêt attributif de juridiction (1).

Le juge n'apporte aucune modification au résultat général du compte, il constatera, en recette comme en dépense, les augmentations ou diminutions, et déclarera le comptable en débet, en avance, ou quitte.

La différence, versée à la caisse municipale ou payée par elle suivant le cas, doit être appliquée au compte de l'exercice en cours. Cette différence doit ressortir clairement de l'arrêt, résulter d'une « ligne de compte » en l'absence de laquelle la décision est annulable pour violation de la loi (2).

(1) Décret du 31 mai 1862. art. 529.

(2) Cour des comptes; 2 novembre 1894. *Mémorial des Percepteurs,* 1895, p. 187 :

   La Cour,

. . . . , . .

Considérant ensuite que le Conseil de Préfecture saisi des comptes de Berniolle a négligé de suivre dans ses arrêtés les règles prescrites par l'article 1557 de l'instruction précitée du 20 juin 1859 ;

Qu'il n'a pas en effet établi de ligne de compte proprement dite, fondée sur la réalité des faits ; qu'il a examiné chacun des griefs articulés dans une enquête prescrite par arrêté avant faire droit du 3 août 1891, et n'a déterminé pour chacun d'eux, la somme qui devait finalement être laissée à la charge du comptable que déduction faite de certaines réductions opérées arbitrairement; qu'il n'a pas distingué nettement ce qui constituait la recette et ce qui appartenait à la dépense; que ce procédé ne saurait être admis comme régulier ; qu'il a eu d'ailleurs pour conséquence de fixer au dispositif un reliquat de 2.244 fr. 92 présentant une différence de 100 francs, au préjudice de l'appelant ;

   Par ces motifs,

(L'arrêt est annulé.)

La solution qu'adopte la juridiction financière offre
un caractère particulier qu'il est intéressant de signaler :
lorsqu'elle contient une charge au préjudice du comptable, elle est provisoire ; deux mois après, le juge rend
un arrêt ou un arrêté définitif ; rien ne s'oppose dans l'in-
tervalle des deux mois, à une nouvelle décision provisoire ; il peut exister ainsi sur une même gestion à un
moment donné plusieurs arrêts, les uns provisoires, et
certains même définitifs pour partie seulement.

Cette règle a été édictée en vue de protéger les justiciables : les comptables, en effet, ne sont admis à discuter,
ni en personne, ni par ministère d'avocat, les articles de
leur compte ; exclus du débat, ils ne peuvent se défendre
sans avoir connaissance des griefs soulevés contre eux et
une décision provisoire peut seule les leur révéler ; en
même temps il faut permettre au juge d'éclairer sa reli-
gion, cette prescription le met à même de statuer en toute
connaissance de cause.

La notification des arrêts et arrêtés de comptes est
faite simultanément au maire et au comptable : le préfet
reçoit du ministère des finances deux expéditions des
arrêts de la Cour qu'il transmet, l'une directement au
maire, l'autre au comptable par l'intermédiaire du receveur des finances ; il adresse par la même voie les arrêtés
du conseil de préfecture. Tandis que les arrêts provisoires
comportent, pour la réponse aux objections, un délai de
deux mois, les arrêts définitifs sont exécutoires immédia-

tement et nonobstant appel; l'autorité supérieure a la faculté d'accorder un sursis.

Contre les décisions de la juridiction financière, il existe deux voies de recours : le pourvoi et la revision. Le pourvoi doit être formé dans les trois mois de la notification de la décision attaquée, devant la Cour des comptes si celle-ci émane du conseil de préfecture, devant le Conseil d'État au contentieux si elle émane de la Cour des comptes et pour violation de la loi seulement.

Le droit de recours n'existe que contre un arrêt ou arrêté définitif; l'exécution des injonctions prononcées par un arrêté provisoire fait perdre le droit d'en obtenir la suppression en appel, car elle entraînerait le prononcé d'un arrêt définitif constatant la gestion régulière, que la Cour se bornerait à confirmer purement et simplement. La Cour prononce d'abord sur l'admission du pourvoi, ensuite sur le fond. L'introduction et le jugement du pourvoi s'effectuent suivant des règles de procédure sur lesquelles nous ne pourrions nous étendre utilement pour notre sujet.

La demande en revision se forme devant les juges primitifs; elle est recevable, suivant le droit commun, pendant trente ans à partir de la notification de l'arrêt à réformer, mais l'exercice de ce droit est subordonné à certaines conditions, et limité à certains cas spéciaux. L'Instruction générale (article 1571) détermine les conditions.

Pour les cas de revision, la loi de 1807 les a prévus

mais il existe sur ce point une controverse : la solution
ordinairement adoptée est celle de l'instruction générale
des finances (article 1570) ; elle a d'ailleurs été consacrée
par la Cour des comptes (1) et s'appuie sur une circulaire
du Ministre des Finances du 15 juin 1824.

En dehors de ces différences, la revision est soumise
aux mêmes règles que le pourvoi, notamment pour l'introduction de la demande et la procédure.

Le contrôle du budget de la commune consiste donc
dans la vérification, par les diverses autorités, des comptes
de l'ordonnateur et du comptable ; nous n'avons pas à
revenir sur les différences que présentent ces deux documents et que nous avons signalées au passage. Elles
peuvent se résumer en quelques mots, le compte d'administration constitue un compte moral, réel c'est-à-dire
indépendant de la personne de l'ordonnateur et pour l'apurement duquel il n'intervient aucune autorité judiciaire ; le
compte de gestion au contraire forme un compte matériel,
personnel et soumis à la juridiction financière. Nous n'insis-
terons pas davantage sur l'insuffisance manifeste du contrôle
sur les ordonnateurs ; ce n'est pas d'aujourd'hui que cette
question soulève pareille observation, leur indépendance
excessive a depuis longtemps provoqué de vives critiques ;
on nous permettra de citer à ce sujet un extrait de l'ouvrage
de M. de Montcloux ; les anciennes fonctions de l'auteur

____

(1) Cour des Comptes, 12 décembre 1888. Mém. Perc. 89, p. 250, 4 décembre 1895. Mém. Perc. 96 p. 144.

ont peut-être nui à son impartialité; mais elles ne l'em-
pêchent pas de raisonner avec exactitude; nous recon-
naissons volontiers que son langage est empreint d'une
réelle exagération; mais nous estimons que dans ce plai-
doyer quelque peu violent il y a une part de vérité considérable : « Tandis qu'on multiplie les contrôles autour
des comptables, on laisse les ordonnateurs se mouvoir
dans leur indépendance et dans leur insolvabilité..... On
juge l'instrument, on ne juge pas la main qui le pousse.....
Dans la gestion des comptables, une erreur d'un centime est
impitoyablement relevée. La gestion de l'ordonnateur est
au-dessus de l'examen..... que les ordonnateurs répondent
de leurs œuvres ! S'ils ont mal opéré, qu'on les juge !.....
Où en serions-nous, je le demande, si l'on avait raisonné
à l'égard des comptables comme on l'a fait jusqu'ici à
l'égard des ordonnateurs ? Certes, le Ministre des Finances
ne pouvait pas être rendu responsable des perceptions
illégales, ni des détournements de fonds ; on ne pouvait
pas y songer... On a créé des agents responsables à tous
les degrés et on a pris contre eux et leurs biens de bonnes
et solides garanties. Ce qui a été fait pour le ministère
qui reçoit, il fallait le faire pour les ministères qui dé-
pensent (1). »

Plusieurs plans de réformes déjà ont été proposés, éla-
borés même au sein des Chambres ; la Cour des comptes

____

(1) M. de Montcloux. *De la comptabilité publique en France.*
Cité par M. R. Stourm. *Le Budget*, p. 575, note 1 et 577, note 1.

s'est occupée tout particulièrement de cette question :
en 1883, M. l'Avocat général Biollay a exposé le système préventif appliqué en Italie ; M. le Procureur général Audibert touchait cette question en 1884 à propos du « Contrôle
des finances communales », il s'y est arrêté plus longuement en 1885 en étudiant « la responsabilité des comptables et des ministres » ; plus récemment à l'audience
solennelle de 1896, M. le Procureur général Renaud avait
pris comme thème de discours le « Contrôle de l'ordonnancement des dépenses publiques par la Cour des comptes »,
il a exposé clairement la question avec les développements historiques qu'elle comporte, nous ne pouvons
mieux faire que d'en extraire le passage principal à ce
propos : « Dans notre organisation financière, les comptables, simples agents passifs, sont contrôlés de toute
façon. Les ordonnateurs, qui disposent seuls des crédits
votés par les Chambres et sur lesquels la Cour des
comptes n'a pas de juridiction, ne le sont pas... La Cour
des comptes n'intervient qu'après le paiement effectué ;
relativement aux ordonnateurs, la Cour se borne à signaler
les abus par eux commis, cela par référé, dans le rapport
public ou dans la déclaration générale..... « Les interver-
sions de crédits, dit-elle... ont continué à se produire
pendant l'exercice 1892. La Cour les a tant de fois
signalées déjà, qu'elle croit pouvoir se borner à en exposer
brièvement l'importance sans revenir sur des détails
aujourd'hui trop connus... »

Presque toutes (les irrégularités signalées) ont une

tendance dangereuse, notamment celles concernant les virements de chapitre à chapitre, car elles ont pour résultat de donner naissance à des demandes de crédits supplémentaires si préjudiciables à une bonne gestion financière.

Le budget voté... l'administration des crédits appartient aux ministres... le contrôle peut se produire : au moment du paiement et les règles actuellement en vigueur suffisent, ou au moment de l'ordonnancement pour empêcher les dépassements de crédits et fausses imputations... Si la mission d'arrêter les simples dépassements de crédits... peut paraître suffisante, il n'en est pas de même des fausses imputations qui ne sont qu'imparfaitement contrôlées et qui n'apparaissent que bien longtemps après (1) ». M. Renaud signale, comme nous l'avons fait, l'insuffisance du contrôle sur les ordonnateurs, il en montre les conséquences et propose comme remède le contrôle préventif par la Cour des comptes. Le mal, pour avoir moins d'étendue dans la commune, ne s'en fait pas moins sentir très vivement, et ce que d'autres ont dit de l'ordonnateur de l'État, nous pouvons l'appliquer sans crainte à l'ordonnateur municipal.

(1) Extrait du discours prononcé à l'audience solennelle de rentrée le 16 octobre 1896, par M. le Procureur général Renaud. Journ. Off. p. 5721.

Section III. — Législation comparée

A propos du contrôle des finances communales, comme au sujet de l'exécution du budget, nous sommes obligé d'être bref sur la législation étrangère ; il est peu d'auteurs jusqu'ici qui aient traité ce sujet et l'absence de documents précis et détaillés, a contribué aussi à restreindre ce chapitre. Nous avons vu, en étudiant « la vérification des comptes » en France, qu'elle revêt une triple forme : l'une parlementaire, la seconde administrative, la troisième judiciaire ; nous devons dire de suite qu'à l'étranger, dans aucun des pays dont nous nous sommes occupé, cette multiplicité n'existe ; il y a quelquefois le contrôle administratif seul, le plus souvent le contrôle administratif précédé de ce que nous avons appelé le contrôle parlementaire, l'approbation du compte par l'Assemblée élective. Nous nous arrêterons principalement sur le contrôle en Angleterre, à raison du caractère original que lui donne la publicité dont il est entouré.

Belgique. — Il existe en Belgique pour le contrôle des finances communales une institution particulière, un agent spécial qui se rapproche quelque peu de celui que nous trouverons en Angleterre, mais qui en diffère en ce qu'il n'est pas ambulant : c'est le commissaire d'arrondissement.

Il agit sous la direction du gouverneur et de la députation permanente, toutefois sa surveillance ne s'exerce que sur les communes rurales ; pour les villes, le contrôle est exercé directement par la députation permanente.

Le compte, présenté par le receveur communal, est déposé d'abord à la maison commune où les administrés peuvent en prendre connaissance, « cela rappelle, dit M. Bernimolin (1), l'audition des comptes sur les lieux et à huis ouverts de nos anciennes coutumes. » Le Conseil communal se réunit ensuite pour émettre son avis et régler provisoirement le compte. A ce moment intervient le commissaire d'arrondissement pour les communes rurales ; enfin, c'est à la députation permanente à approuver le compte ; sa décision est susceptible d'un recours au Roi.

La députation permanente belge est quelquefois présentée comme un exemple à suivre, par les auteurs qui prônent le contrôle par assemblées, l'élimination des représentants du pouvoir central, la suppression de toute action directe ou indirecte au nom des intérêts supérieurs de l'État ; cependant, cette institution n'est pas parfaite, car le Conseil provincial s'est transformé en assemblée politique et l'absence de procédure et de publicité, ne peut que justifier certains soupçons de partialité (2).

Au commissaire d'arrondissement appartient, avons-nous dit, la surveillance de l'administration des communes

(1) M. Berminolin, op. cit. p. 422.
(2) *Revue générale d'administration,* avril 1898, p. 484.

rurales, toutefois il n'est pas l'intermédiaire obligatoire entre le conseil échevinal et la députation provinciale, aucune disposition n'exige qu'il soit consulté sur les affaires communales soumises à l'autorité supérieure, et, pour la campagne comme pour la ville, le bourgmestre correspond directement avec le gouverneur ou la députation permanente. Pour le commissaire d'arrondissement, « sa raison d'être et son évidente utilité est la surveillance de l'administration des communes ; pour cela elle doit être active et continue..... Un point généralement signalé est de lui confier la vérification de la comptabilité communale pour éviter des négligences entraînant la péremption des rentes..... la formation de caisses occultes... etc. » (1).

Italie. — En Italie, le conseil municipal nomme pour la vérification des comptes des « reviseurs » ; l'approbation en est réservée aux conseils provinciaux. Le recours, à la différence de ce qui se passe en Belgique, est porté devant la Cour de cassation, et non devant le pouvoir exécutif.

Angleterre. — Sous l'empire d'une loi de 1810, le contrôle appartenait à des magistrats volontaires ; la reddition et la vérification des comptes s'opérait en présence de

----

(1) *Revue générale d'administration*, août 1897. Les commissaires d'arrondissement et le contrôle de l'administration des finances communales, p. 338 et suiv.

deux ou plusieurs juges de paix siégeant en session spéciale. La législation moderne leur a substitué des fonctionnaires de l'État. En 1834, les commissaires de la loi des pauvres nommèrent pour cette fonction, des auditeurs dans la plupart des Unions; une loi de 1844 (1) donne au « local government board » le droit de grouper en un district plusieurs unions et d'y nommer un « auditeur de district » (district auditor). Depuis une loi de 1879 (2) cet auditeur est nommé, révoqué et payé par le Gouvernement. Il a pour justiciables les ordonnateurs et les comptables de l'union. La reddition des comptes a lieu deux fois par an; l'autorité prévenue indique au public la date et le lieu de l'examen; les comptes et pièces justificatives restent à la disposition des contribuables. L'auditeur peut requérir la production de tous documents utiles et obliger toute personne à déposer. Tout contribuable a le droit de contester les comptes devant l'auditeur ; il peut encore en appeler de la décision de cet agent aussi bien pour les opérations admises que pour les rejets prononcés. Il existe pour cela deux recours : l'un, fort onéreux, à la Cour du banc de la Reine, l'autre, gratuit et gracieux, au local government board.

Les auditeurs contrôlent les finances de tous les corps locaux, sauf des bourgs ; ils vérifient deux fois par an les comptes des comités des gardiens et des comités scolaires

(1) 7 et 8, Vict., c. 101.
(2) 42, Vict., c. 6.

les plus importants, et une seule fois ceux des autorités sanitaires, des comités scolaires ordinaires, des conseils de comté et de paroisse. Ils opèrent en outre des vérifications extraordinaires.

La centralisation existe en cette matière comme ailleurs ; le local government board a multiplié son intervention, en attirant à lui tous les recours gracieux ; la pratique en est constante ; il confirme ordinairement le jugement de l'auditeur, mais dispense de la condamnation en vertu de sa juridiction d'équité.

Les bourgs municipaux échappent à l'autorité des auditeurs de district ; ils jouissent pour le contrôle d'une autonomie complète. La revision des comptes est confiée à trois auditeurs électifs dont deux choisis pour un an par les bourgeois et le troisième par le maire. Le trésorier leur soumet ses comptes deux fois par an également.

On a remarqué la publicité complète qui préside à l'administration des localités anglaises aussi bien pour l'établissement des rôles que pour la vérification des comptes ; les nombreux appels intentés chaque année par les particuliers témoignent que ce contrôle n'est pas une pure formalité, dénuée de toute utilité. Toutefois il est permis de mettre en doute l'efficacité entière d'un apurement aussi sommaire : c'est le seul contrôle en effet. Tout particulièrement dans les bourgs, les vérificateurs pris parmi les contribuables eux-mêmes n'offrent pas toujours les garanties nécessaires de savoir technique et d'impartialité ; en tout cas ils sont exposés aux mêmes préjugés que les autorités dont ils vérifient les comptes. Quant aux auditeurs, s'ils doivent parfois marcher à l'encontre des autorités locales, leur décision ne saurait être douteuse; c'est le Local government board qui prononce définitivement en appel, lui aussi qui les nomme et les révoque, détermine la forme et les délais de leur vérification; ils se meuvent entièrement sous sa dépendance. On a critiqué déjà leur situation de serviteurs de la Trésorerie. L'avantage le plus saillant de ce procédé, c'est, en même temps que sa célérité, la garantie que présente la publicité dont il est entouré. Il rappelle quelque peu l'organisation belge avec cette différence que le commissaire d'arrondissement n'est pas ambulant et qu'il agit sous la direction, non du pouvoir central, mais de l'autorité provinciale.

Allemagne. — C'est à propos du contrôle des finances communales en Allemagne que nous nous sommes heurté à une pénurie de documents (1); la législation d'ailleurs est elle-même très variée. La loi de 1872, qui constitue le texte organique du cercle, a fait de l'assemblée de cercle l'agent principal de l'administration; la délégation qui en émane et forme le pouvoir exécutif de cette circonscription, remplit le rôle de tribunal administratif, chargé de

(1) L'*Annuaire de législation étrangère* qui contient la loi de 1891 reste muet sur l'organisation de la comptabilité; il porte : Art. 120. — ... (Contient des dispositions minutieuses sur la comptabilité communale qui est soumise au contrôle du Comité du cercle).

contrôler l'administration locale (1) ; elle se compose de sept membres dont six élus. Enfin la surveillance réservée à l'État est exercée en première instance par le Landrath et en second et dernier ressort par le président de gouvernement (2).

Nous terminerons cette étude sur la législation comparée par une observation générale sur le principe qui préside à la surveillance des diverses autorités administratives : en Angleterre, le contrôle appartient au pouvoir judiciaire en ce sens que lorsqu'un fonctionnaire commet une faute, la partie lésée possède toujours un recours en justice, le droit de le traduire devant les tribunaux ordinaires pour obtenir réparation, et cela même en matière de finances communales : appel à la Cour du banc de la Reine ; au contraire dans les pays continentaux européens, l'appel doit être porté le plus généralement devant l'administration elle-même ou ses représentants.

______

(1) M. Leclercq. *La Vie municipale en Prusse.* Étude publiée dans les *Annales de l'école libre des sciences politiques.* Année 1889, p. 261.

(2) Loi du 3 juillet 1891. art. 139. *Ann. lég. étr., loc. cit.*

CONCLUSION

De cette étude de l'organisation communale à la fois
à l'étranger dans les temps modernes et en France dans
l'histoire, quelles conclusions se dégagent au point de vue
du régime à constituer pour l'avenir, des institutions dont
il faut favoriser l'établissement? Loin de nous l'idée d'édi-
fier ici un plan complet de la ville future idéale, de cons-
truire un système-type de fonctions et attributions municipales; nous nous bornerons à condenser dans un résumé
succinct quelques-unes des principales observations que
nous ont suggérées et l'examen des institutions locales à
l'étranger et l'étude de leurs transformations dans notre
histoire. Enfin un simple rapprochement des théories con-
temporaines pourra nous instruire de l'esprit qui doit ani-
mer les partisans de réformes, ceux qui considèrent avec
raison la législation actuelle comme insuffisante.

Le mouvement le plus général et le plus accusé que
nous ayons rencontré est à coup sûr l'accroissement continu des dépenses locales, et par suite des taxes destinées
à y faire face; l'étendue que présente notre premier chapitre sur la préparation du budget, nous a été imposé par
la force des choses, par cette préoccupation constante des

États à torturer les impôts divers pour procurer aux communes les ressources nécessaires, sans se dépouiller eux-mêmes et sans épuiser la matière imposable. Quel autre but a poursuivi la Prusse en particulier, lorsqu'elle a réglementé étroitemeut la proportion dans laquelle chacune des espèces d'impositions doit figurer dans le total des revenus communaux? Pourquoi cette impulsion au rétablissement des octrois, alors que d'autres pays les ont supprimés ou mettent tout en œuvre pour le faire ? Le problème de la taxation, voilà l'une des grandes questions qui préoccupent les économistes et les pouvoirs publics de tous les pays.

En même temps qu'ils s'efforcent d'augmenter la recette, les projets de réformes reconnaissent la nécessité de restreindre la dépense dans des limites raisonnables, et l'on voit maintenir, malgré les attaques dont elle est l'objet, ou établir même si elle n'existe déjà, une certaine tutelle du gouvernement sur les administrations locales, une centralisation plus ou moins étroite. Pour n'en citer qu'un exemple, l'Angleterre, ce pays dont on enviait les libertés au début de ce siècle, n'a fait depuis lors qu'asservir de plus en plus les autorités du bourg et de la paroisse au Local government board, ce que nous avons appelé le ministère de centralisation. Dans tous les États, en effet, nous avons vu le pouvoir central garder pour lui ou ses représentants un droit de contrôle sur l'administration locale. Ce droit, les gouvernements en affirment de plus en plus la nécessité en présence du développement des fonctions municipales, de l'accroissement continu des dépenses dont elles sont la source ; les communes, de leur côté, le regardent comme un joug qui pèse lourdement sur elles et qu'il faut se hâter de secouer à tout prix.

D'où vient cet antagonisme, cette lutte ? Il est une théorie qui en donne une explication assez plausible : la commune, à l'origine simple communauté agricole, s'était transformée en une association privée, assurant la gestion d'intérêts particuliers. Aujourd'hui elle devient en outre une autorité publique, préposée à la garde des intérêts généraux d'une collectivité, dès lors c'est le régime démocratique qui s'impose, elle n'a plus qu'un objectif : se gouverner librement, jouir de l'autonomie.

Mais à ce nouvel élément directeur, fatal et nécessaire, le peuple, il manque l'expérience, l'adaptation au but poursuivi d'un gouvernement local juste et sain ; cette expérience, c'est à la centralisation à la lui donner, à elle revient le soin de former et d'instruire le personnel appelé à diriger, de régler en un mot le fonctionnement de cette machine qui est la démocratie locale. C'est une étape intermédiaire « dont les Anglais et les Allemands commencent maintenant à comprendre après nous et à notre exemple l'évidente bien que regrettable nécessité. Il faut que cet apprentissage se fasse » (1).

Cette étape, nous l'avons franchie : il suffit de se rappeler quelque peu l'histoire que nous avons retracée som

____

(1) M. Dubois, op. cit., p. 300.

mairement au début de ce travail; la centralisation poussée, vers la fin de l'ancien régime, jusqu'à la suppression des libertés administratives locales, se relâche quelque peu sous l'effort de la réaction qui accompagne la disparition de la monarchie absolue, mais bientôt la Convention la rétablit à son profit; enfin l'Empire la porte à son comble. Sous la Restauration et les régimes postérieurs, elle diminue à mesure que grandit le régime démocratique. « Aujourd'hui, dit M. Dubois, avec des lois incontestablement libérales, la pratique de l'administration locale est encore très éloignée, en France, de ce qu'elle peut et doit y être un jour. Dans les villes, une représentation qui offre presque partout un caractère politique, des partis violents et intéressés, un pouvoir tyrannique et enclin au favoritisme, un contrôle impuissant; dans les campagnes, une administration locale qui tient tout entière dans les mains des agents de l'État. Toutes bâties sur le même plan, dépourvues du personnel capable, manquant des traditions et de la pratique de la liberté, les communes de France ont besoin d'acquérir les mœurs publiques, l'esprit collectif, le sentiment de la responsabilité et de la solidarité sociale, l'habitude de la gestion des affaires communes. » (1)

Mais n'est-il pas impossible d'atteindre ce but sans renouveler complètement l'organisation municipale? Ces institutions qui datent du gouvernement le plus autocra

____

(1) M. Dubois, op. cit., p. 38 et 39.

tique qui ait existé en France, l'esprit autoritaire qu'elles
ont emprunté au régime impérial ne sauraient s'accorder
avec un régime de liberté et d'égalité comme celui d'une
république ; autre temps, autres mœurs ; à la démocratie,
il faut une organisation qui lui corresponde, comme les
régimes antérieurs ont eu la leur. Voilà quelques-uns des
reproches adressés à nos institutions actuelles par beaucoup d'auteurs ; la décentralisation complète, l'autonomie
locale même ont recruté de nombreux partisans. « Rien
ne semble plus rationnel que de laisser à chaque aggréga-
tion d'habitants le soin de gérer elle-même ses intérêts,
nul n'est censé les mieux connaître, les erreurs seraient
des leçons pour l'avenir. L'honnêteté et l'aptitude seraient
garanties par le suffrage des intéressés ? Telle est la
théorie, la pratique n'y ressemble pas le moins du
monde (1) .»

Sur ce point, le doute n'est pas possible et nous ne
saurions partager l'opinion de **M.** Brunetière qui niait
qu'une Chambre française pût changer l'œuvre des consti-
tuants de l'an VIII.

Ces reproches renferment une part de vérité, nous ne le
contestons pas, mais n'y a-t-il pas aussi de l'exagération ?
Doit-on aller jusqu'à faire table rase du passé ? Nous n'entreprendrons pas ici de discuter la question de centralisation ou de décentralisation : l'une et l'autre opinion s'ap-
puient sur des arguments de réelle valeur ; nous estimons

(1) M. Lespinasse. « Autonomie communale ». Extrait de la *Revue
critique de législation.* Année 1886. p. 472.

pour notre part qu'il se pose avant tout ici une question
de mesure dont la solution varie notablement suivant les
époques et les pays, et qui n'admet pas de réponse abso-
lüe. En France particulièrement, au point de vue du régime
financier de la commune, pour ne pas nous écarter de
notre sujet, tout le monde s'accorde à reconnaître l'insuffisance de notre législation, les réformes multiples qu'elle
a subies en fournissent le témoignage. Mais si les voix
sont unanimes à dénoncer le mal, il en va tout autrement
lorsqu'il s'agit d'employer le remède, nous n'en voulons
pour preuve que les nombreux projets soumis aux
Chambres durant ces dernières années. Anjourd'hui, nous
pouvons voir se dessiner clairement une tendance générale à l'autonomie financière de la commune ; nous assis-
tons à une évolution de plus en plus rapide en ce sens,
peut-être n'est-il pas téméraire d'affirmer que l'indépendance financière existera avant la décentralisation administrative.

Comment apprécier au point de vue des principes cette
transformation progressive ? comment déterminer les
rapports de la commune avec l'État? comment définir le rôle
de l'individu dans la société, et celui de la société vis-à-
vis de l'individu ? « Pour l'individu, dit M. Acollas, droit
de développer librement ses facultés, et devoir de respecter chez les autres la même loi de développement ; pour
la collectivité, devoir de faciliter ce développement et de
maintenir le milieu favorable » (1).

(1) M. R. Acollas. « Finances communales », p. 169.

Le droit social n'est que la conservation et l'augmentation du droit individuel. Comme groupe suprême, l'État a la charge d'empêcher l'usurpation des groupes inférieurs. Son intervention devient donc un fait indiscutable, nécessaire. L'autonomie, bien loin d'assurer le respect de la liberté, dégénérerait en un despotisme local, d'autant plus tyrannique et vexatoire que l'individu est plus rapproché. Cette intervention, nous la voudrions voir émaner d'un pouvoir fort, irrésistible, mais dans des limites strictement déterminées pour éviter l'arbitraire, en des occasions seulement qui en justifient la nécessité et non d'une manière continuelle.

Nous ne repousserions pas sur ce point la conclusion que le théoricien Hégel a formulée, se basant sur le principe opposé que l'individu est fait pour l'État et non l'État pour l'individu : « absolutisme et libertés locales en tant qu'elles ne nuisent pas à l'association générale », tel est son système ; il enseigne à la fois la nécessité de respecter le droit individuel et le danger de créer des états dans l'État, « s'il conçoit l'État fort, il le conçoit avec des limites qui s'arrêtent à la commune, à l'individu ».

Si les entraves circonscrivent plus ou moins l'action du pouvoir local, elle reçoit de ce fait en échange plus de force et de garanties. Si elle y perd, non sa liberté, mais seulement l'arbitraire de la liberté, elle y gagne en solidité. La chaîne est plus ou moins resserrée ; si elle l'est trop, il y a centralisation et la vie se retire des membres extrêmes. Le rôle de l'État est celui d'un pouvoir modérateur et non centralisateur. L'État a le devoir d'obliger les communes à remplir leurs obligations (1) et de les empêcher de nuire à l'intérêt général : au point de vue financier, il représente, au regard des générations présentes, la perpétuité et les générations de l'avenir; le pouvoir local reçoit de son prédécesseur un trésor grevé de substitution au profit de son successeur : pour le patrimoine, il faut veiller à ce que l'administration ne le dilapide pas inutilement; à l'occasion des impôts, il faut éviter qu'elle épuise la matière imposable au détriment des administrations futures; enfin à propos de l'emprunt, la justice commande qu'elle ne grève pas l'avenir de charges excessives ou dont elle a retiré le profit. A ces points de vue, en effet, l'on constaterait souvent une grande insouciance qu'explique une sorte d'irresponsabilité. Mais lorsque les décisions des assemblées locales concernent exclusivement leurs intérêts propres, on ne saurait faire mieux que de leur laisser liberté et responsabilité. Nous adhérons volontiers au principe que certains auteurs proposent de nos jours : « à la commune, les intérêts communaux ; à la région, les

---

(1) C'est aussi la conclusion à laquelle aboutit M. Milo Roy Maltbie dans un ouvrage récent : « English local government of to day. A study of the relations of central and local government » 1 vol., 1897.

Quoique favorable à l'autonomie des gouvernements locaux dans une large mesure, l'auteur ne met pas en doute la nécessité d'un contrôle, dont la sévérité se relâchera à mesure que le peuple deviendra plus éclairé et plus capable de se gouverner.

intérêts régionaux ; à la nation, les intérêts nationaux ».
C'est sur ce point tout particulièrement que nous souhai-
terions des amendements à notre organisation communale, c'est cette responsabilité que nous voudrions voir
établie, effective ; la réforme est dans l'affranchissement
de l'individu, le sentiment donné à chacun de son autonomie, non de son indépendance, et, par suite, de la
responsabilité qui en résulte. Ce sentiment se basera
principalement sur la publicité de l'administration locale
à laquelle chacun pourra s'intéresser librement, sur la
participation réelle qu'elle assurera à chacun dans la gestion des intérêts communaux et qui suscitera l'heureuse
critique de nouveaux Hampden. En un mot, il faut reconnaître aux pouvoirs locaux plus d'autorité et surtout leur
faire sentir une responsabilité plus grande.

Vu :
Le Président de Thèse,
Albert WAHL.

Vu :
Le Doyen,
Louis VALLAS.

Vu et permis d'imprimer :
Le Recteur de l'Académie de Lille,
J. MARGOTTET.

TABLE DES MATIÈRES

Pages

Préambule... 1

PREMIÈRE PARTIE

Historique. — L'organisation communale en France et
à l'étranger............................... 5

Chapitre I. — *Époque gallo-romaine*.................... 7

Chapitre II. — *Moyen Age*............................. 10

Chapitre III. — *Monarchie absolue*........................ 14

Chapitre IV. — *Période révolutionnaire*................... 25

Chapitre V. — *Temps modernes*......................... 31

Chapitre VI. — *Législation comparée*.................... 44

DEUXIÈME PARTIE

Étude du budget communal.......................... 53

Chapitre I. — *Le budget avant son exécution*............. 57

 Section I. — Préparation du budget.

  — II. — Vote du budget.

  — III. — Règlement du budget.

  — IV. — Publication du budget.

  — V. — Législation comparée.

Chapitre II. — *Exécution du budget*...................... 139

 Section I. — Recettes.

  — II. — Dépenses.

   § 1. — Liquidation.

   § 2. — Ordonnancement.

   § 3. — Paiement.

  — III. — Législation comparée.

CHAPITRE III. — *Contrôle du budget* 197

        Section I. — Généralités.

            —   II. — Sur les ordonnateurs : compte admi-
                        nistratif.

       —   III. — Sur les comptables.
                        Compte de gestion.

                        § 1. — Approbation.

                        § 2. — Vérification.

                        § 3. — Jugement.

                        Législation comparée.

CONCLUSION 229

A. ROUSSEAU, IMPRIMEUR-ÉDITEUR, PARIS.